d

DIDASKALIA

Schriftenreihe
der Evangelischen Kirche von Kurhessen-Waldeck

Herausgegeben
von Erhard Giesler und Johannes Beisheim

HEFT 35

Verlag Evangelischer Presseverband
Kassel 1990
Umschlaggestaltung: Manfred Liebrecht
Gesamtherstellung: Druckhaus Thiele & Schwarz GmbH, Kassel
ISBN 3-920310-74-8

KONFIRMANDENARBEIT UND KONFIRMATION

– Beschluß der Landessynode und Arbeitshilfe –

herausgegeben vom
Rat der Evangelischen Kirche
von Kurhessen-Waldeck

Kassel 1990

Inhaltsübersicht

Vorwort

Die Texte zur Konfirmandenarbeit und Konfirmation, die in diesem Band veröffentlicht werden, sind das Ergebnis mehrjähriger umfassender Überlegungen und Beratungen. Es gibt in unserer kurhessischen Kirche vermutlich nur wenige Dokumente, an deren Zustandekommen so viele Menschen mitgewirkt haben, wie das bei den vorliegenden Synodalbeschlüssen und insbesondere bei der Arbeitshilfe der Fall ist.

Der Ausschuß, der im Jahre 1986 vom Rat der Landeskirche eingesetzt und mit der Erarbeitung einer Vorlage beauftragt wurde, wandte sich zunächst an alle Pfarrer und – über den "blick in die kirche" – an alle interessierten Gemeindeglieder mit der Bitte, Erwartungen und Wünsche an die Ausschußarbeit zu formulieren. Die eingegangenen Rückäußerungen waren ein wichtiges Element für die Erarbeitung einer ersten Vorlage, die dann im Herbst 1987 allen Kirchenvorständen und Kirchenkreissynoden unserer Landeskirche mit der Bitte um Stellungnahme übergeben wurde. Viele Kirchenvorstände wurden durch diesen Text veranlaßt, sich nach langer Zeit wieder einmal oder erstmals intensiv und, wie viele gesagt haben, mit großem Gewinn mit der Konfirmandenarbeit zu beschäftigen. Die erstrebte Wahrnehmung der Mitverantwortung von Kirchenvorstehern und Synodalen für die Konfirmandenarbeit dürfte bereits durch diesen Beratungsprozeß sehr wirksam gefördert worden sein.

Die teilweise sehr umfangreichen Stellungnahmen der Kirchenkreissynoden wurden vom Ratsausschuß sorgfältig ausgewertet, bedacht und so weit wie möglich in die Vorlage eingearbeitet. Der so veränderte Text konnte im Herbst 1988 dem Rat der Landeskirche übergeben werden. Vom Rat wurde die Vorlage ("Arbeitshilfe") unverändert an die Landessynode weitergegeben. Gleichzeitig erstellte der Rat eine Beschlußvorlage, in der die rechtlich verbindlichen Regelungen zur Konfirmandenarbeit zusammengefaßt wurden. Auch diese Beschlußvorlage wurde der Landessynode zugeleitet.

Auf ihrer Herbsttagung vom 21. – 24. November 1988 befaßte sich die Landessynode in Arbeitsgruppen und im Plenum mit diesen beiden Vorlagen, verabschiedete die 15 Beschlüsse zur Konfirmandenarbeit (hier S. 19–21) und formulierte im Blick auf die Arbeitshilfe eine Reihe von Änderungsvorschlägen, die in der Folgezeit von einem Redaktionsausschuß in die Vorlage eingearbeitet wurden. Auf der Frühjahrstagung 1989 wurde die Arbeitshilfe dann von der Landessynode endgültig, und zwar ohne Gegenstimmen, angenommen.

Was können nun diese Texte für die Konfirmandenarbeit in unserer Kirche leisten, und was nicht? Ich beginne mit dem Letzteren. Es war nicht möglich, ein gemeinsames, in unserer Kirche verbindlich geltendes Konzept von Konfirmandenarbeit und Konfirmation vorzulegen. In den Beratungen gingen sogar die Meinungen darüber auseinander, ob ein solches gemeinsames Konzept überhaupt erstrebenswert sei. Durchgesetzt hat sich auf jeden Fall die Ansicht, daß ein solches Konzept zur Zeit nicht zu erreichen sei. Dafür sind zwei untereinander zusammenhängende Faktoren maßgeblich: Einerseits gibt es in der religionspädagogischen Theoriebildung heute generell nicht das allgemein anerkannte und akzeptierte Konzept, sondern eine Mehrzahl miteinander konkurrierender und im Streit befindlicher Konzeptionen. Andererseits (und sicher auch durch diese Lage in der Theologie mitbedingt) hat sich die Praxis der Konfirmandenarbeit auch in unserer Landeskirche ganz erheblich auseinanderentwickelt, so daß teilweise auf engstem Raum nebeneinander Konzeptionen von Konfirmandenarbeit durchgeführt werden, die miteinander nur schwer vereinbar sind.

Warum empfinden viele es als schwierig, diesen Pluralismus in der Konfirmandenarbeit als legitime Vielfalt der Volkskirche zu akzeptieren oder gar zu begrüßen? Das ist m.E. deswegen so schwer, weil es nicht nur eine Fülle von Irritationen erzeugt, die beim Blick über Kirchspielgrenzen hinweg oder gar beim Wechsel von der einen Gemeinde in die andere ausgelöst werden. Damit müssen und können wir wohl leben. Schwer erträglich ist dieser Pluralismus aber deswegen, weil mit der Konfirmandenarbeit auf eine ganz elementare und deswegen nicht zu überhörende Weise die Frage beantwortet wird: Was heißt Christsein? Worauf kommt es beim christlichen Glauben eigentlich an? Oder, um noch einmal eine andere Formulierung zu wählen: Welche Vorstellungen vom christlichen Glauben werden eigentlich an die nachwachsende Generation vermittelt?

Konfirmandenarbeit hat darin ihr spezifisches Profil gegenüber anderen Formen kirchlicher Arbeit mit Kindern und Jugendlichen, daß in ihr das Verstehen des christlichen Glaubens, und zwar das Verstehen der Bedeutung des christlichen Glaubens für die jeweils nachwachsende Generation erschlossen werden soll. Konfirmandenarbeit ist Glaubensüberlieferung. Die Unfähigkeit, heute in der evangelischen Kirche und selbst in einer so überschaubaren Landeskirche wie der unseren, eine einhellige Antwort auf die Frage nach dem Sinn der Konfirmandenarbeit zu geben, ist nach meiner Überzeugung auch – nicht nur, aber auch – Ausdruck einer nicht vorhandenen Einmütigkeit im Blick auf das Wesentliche des christlichen Glaubens. Und vor allem deswegen wird der Streit über die Ziele, Inhalte und Methoden der Konfirmandenarbeit oft so engagiert, ja erbittert geführt. Ich finde, das ist nicht nur verständlich, sondern das ist richtig. Es wäre geradezu ein Armutszeugnis, wenn uns diese Fragen kalt ließen. Eine solche Einmütigkeit oder, wie es im Beschluß Nr. 15 realistischer heißt, "ein größeres Maß an verbindlicher Gemeinsamkeit in inhaltlicher Hinsicht" läßt sich gewiß nicht durch Synodalbeschlüsse alleine herstellen. Dazu ist theologische Urteilsbildung nötig, die durch die Arbeit einer Synode aber gefördert werden kann und gefördert werden sollte.

Ratsausschuß und Synode haben versucht, im Rahmen des ihnen Möglichen wenigstens ein Minimum an verbindlicher Gemeinsamkeit zu erreichen, das seinen Niederschlag gefunden hat in der Formulierung des gemeinsamen Zieles jeder Konfirmandenarbeit (Beschluß Nr. 1; ähnlich Arbeitshilfe 1.2.1): "Gemeinsames Ziel jeder Konfirmandenarbeit ist es, der nachwachsenden Generation zu vermitteln, was es bedeutet, an Jesus Christus zu glauben, zur Kirche zu gehören und als Christ verantwortlich zu leben". Diese verbindliche gemeinsame Zielsetzung für die Konfirmandenarbeit in unserer Kirche ist für mich persönlich der wichtigste Satz der ganzen

Vorlage. Auf der Basis dieser Zielsetzung wurde in den Beratungen ein Kompromiß zwischen den verschiedenen Konzeptionen gesucht und formuliert, indem diese Konzeptionen als unterschiedliche Akzentsetzungen des einen gemeinsamen Zieles interpretiert werden.

Ich hoffe, daß der auf der Basis dieser Zielformulierung erzielte Kompromiß sich langfristig als eine Etappe auf dem Weg zur Gewinnung bzw. Wiedergewinnung einer wachsenden Übereinstimmung in den zentralen Fragen der Konfirmandenarbeit erweisen wird. Die nicht nur unvermeidliche, sondern sogar wünschenswerte methodische Vielfalt in der Konfirmandenarbeit kann dann zum Segen für unsere Kirche werden, wenn sie dem einen gemeinsamen Ziel dient, das mit dem Ursprung und Wesen der Kirche Jesu Christi gegeben ist und das nicht zu unserer beliebigen Disposition steht, nämlich das Evangelium von Jesus Christus als das Heil der Welt zu bezeugen.

In der Präambel und in Teil 1 der Arbeitshilfe wird Grundlegendes zu Ziel und Inhalt der Konfirmandenarbeit gesagt. Die Teile 2 bis 5 befassen sich dann mit vier wichtigen Themengebieten, die bei der Konfirmandenarbeit besonders beachtet werden müssen: Die Situation der Konfirmanden (2); Organisationsformen, Methoden und Ausstattung der Konfirmandenarbeit (3); die Konfirmation (4) sowie Konfirmandenarbeit als Teil des Gemeindelebens (5). Die in diesen Abschnitten zusammengetragenen Gesichtspunkte, Vorschläge und Modelle wären völlig mißverstanden, wenn man in ihnen eine Sammlung verbindlicher Vorschriften sähe. Das wollen sie nicht sein, und das können sie auch nicht sein. Ihren Charakter beschreibt man am besten als "Anregungen". Deswegen ist dieser umfassende Teil ausdrücklich als "Arbeitshilfe" gekennzeichnet worden. Damit verbindet sich die Hoffnung, daß Pfarrer und Kirchenvorstände in diesem Text Empfehlungen finden, die ihnen so einleuchten, daß sie sie erproben. Das mag die Elternarbeit betreffen oder die verstärkte Einbeziehung von Mitarbeitern; es könnte die bessere Verzahnung von Konfirmandenarbeit und Jugendarbeit angehen oder die Gottesdienstgestaltung – um nur einige Stichworte exemplarisch zu nennen, die in den Beratungen besonders wichtig waren. Die Arbeits-

hilfe wird dann richtig verstanden und gebraucht, wenn sie als eine Sammlung von Angeboten und Vorschlägen zur Verbesserung der Konfirmandenarbeit in Anspruch genommen wird.
Konfirmandenarbeit und Konfirmation verdienen in der Volkskirche auf allen Ebenen besondere Beachtung, denn in ihrer Konfirmandenarbeit hat die Kirche die einmalige Chance, all denen, die ihr durch die Heilige Taufe angehören, in umfassender Weise zu vermitteln, was es bedeutet, an Jesus Christus zu glauben, zur Kirche zu gehören und als Christ verantwortlich zu leben. Die immer wieder zu hörende Behauptung, dieser Versuch mißlinge heute weitgehend, ist m.E. weder zu begründen, noch steht uns als Menschen ein solches Urteil zu. Es ist fahrlässig und anmaßend, aus der Tatsache, daß die meisten Konfirmierten nach der Konfirmation erst einmal für längere Zeit nicht mehr den Gottesdienst besuchen, zu folgern, also sei die ganze Arbeit umsonst und wirkungslos gewesen. Gewiß, hier handelt es sich um ein schwieriges Feld, aber auch um ein lohnendes. Lohnend ist es nicht nur wegen der großen Vermittlungsmöglichkeiten, die darin liegen, sondern auch wegen der damit an uns gestellten Herausforderung, in elementarer und gehaltvoller Weise Rechenschaft zu geben von der Hoffnung, die in uns ist. Ich wünsche und hoffe, daß die Beschlüsse und die Arbeitshilfe zur Konfirmandenarbeit und Konfirmation dazu Orientierung, Anregungen und Denkanstöße geben können.

Marburg, Buß- und Bettag 1989

Prof. Dr. Wilfried Härle

Beschluß der Landessynode vom 23. November 1988 in Hofgeismar

Die Landessynode nimmt die nach Stellungnahme von Kirchenvorständen und Kreissynoden erarbeitete Vorlage des Ratsausschusses „Konfirmandenarbeit und Konfirmation“ dankbar entgegen und beschließt:

1. Gemeinsames **Ziel jeder Konfirmandenarbeit** ist es, der nachwachsenden Generation zu vermitteln, was es bedeutet, an Jesus Christus zu glauben, zur Kirche zu gehören und als Christ verantwortlich zu leben.

2. Die Konfirmandenarbeit gehört grundsätzlich zum **Aufgabenbereich des Pfarrers** (Art.57 Abs.1 GO). Im Einverständnis mit dem Kirchenvorstand ist die Mitarbeit von Gemeindegliedern anzustreben.

3. **Der Kirchenvorstand** trägt die Mitverantwortung für die Konfirmandenarbeit (Art.36 Abs.1 Nr.2 GO). Er wirkt insbesondere bei der Prüfung, der Vorstellung und der Konfirmation mit.

4. **Der Konfirmationstermin** liegt in der Zeit zwischen Ostern und Pfingsten im 8. Schuljahr (KABl 1967 S.44).
   Beschlüsse von Kirchenvorständen, die aus besonderen Gründen den Konfirmationstermin im 9. oder 7. Schuljahr vorsehen, bedürfen der Zustimmung des Kirchenkreisvorstandes und des Landeskirchenamtes.

5. **Die Dauer des Konfirmandenunterrichtes** beträgt anderthalb Jahre. Beschlüsse von Kirchenvorständen, die eine Ausdehnung der Konfirmandenzeit auf zwei Jahre oder in Ausnahmefällen eine Verkürzung auf ein Jahr vorsehen, bedürfen der Zustimmung des Kirchenkreisvorstandes. Dieser soll bei seinem Beschluß die Situation der Nachbargemeinden und die Konsequenzen für die von den Kindern besuchten Schulen bedenken.

6. Die **Richtzahl** der Konfirmandenstunden beträgt 80. Bei dieser Richtzahl sind Konfirmandenstunden von 45 Minuten Länge zugrunde gelegt; eine Ausdehnung der Unterrichtszeit auf 60 oder 90 Minuten ist möglich. Die Arbeitseinheiten der Freizeiten und der Konfirmandentage können angerechnet werden.

7. Es sollen etwa 15 Konfirmanden in einer **Gruppe** sein. Gruppen von über 20 Konfirmanden sollen geteilt werden. Bei weniger als 6 Konfirmanden können auf Beschluß des Kirchenvorstandes zwei Jahrgänge zusammengefaßt oder Konfirmanden aus benachbarten Gemeinden gemeinsam unterrichtet werden.

8. Verhaltensgestörte oder **behinderte Konfirmanden** sollen in der Regel zusammen mit ihrem Jahrgang unterrichtet und eingesegnet werden. Dabei ist der Rat von Fachkräften einzuholen.

9. **Konfirmandenfreizeiten** sind ein wichtiger Bestandteil der Konfirmandenarbeit. Die Durchführung solcher Freizeiten soll gefördert und in ausreichendem Maße bezuschußt werden.

10. Die **Erprobung von Modellen** wie die Einführung eines Kurssystems oder anderer Modelle der Aufteilung für Konfirmandenarbeit ist im Einvernehmen mit dem Kirchenkreisvorstand beim Landeskirchenamt zu beantragen. Genehmigungen sind zu befristen. Erprobungsmodelle bedürfen der Begleitung und Auswertung. Für die Weiterführung bereits laufender Modelle gilt Entsprechendes.

11. Die Konfirmanden sollen zu **Beginn** ihrer Konfirmandenzeit in einem entsprechend gestalteten **Gemeindegottesdienst** begrüßt werden.

12. Die Konfirmanden können nach ausreichender Unterweisung im evangelischen Verständnis des **Abendmahls** in dem der Konfirmation vorangehenden Jahr am Abendmahl teilnehmen, wenn der Kirchenvorstand zugestimmt hat (KABl 1968 Seite 133).
Dabei ist neben Abendmahlsfeiern in der Konfirmandengruppe auch die Teilnahme der Konfirmanden mit ihren Eltern an Abendmahlsgottesdiensten der Gemeinde wichtig.

13. Die **Liturgische Kammer** wird beauftragt, als Ergänzung zur Agende III neue Gebete und Gestaltungsvorschläge für den Gottesdienst zu Beginn der Konfirmandenzeit, für Abendmahlsfeiern mit Konfirmanden, für den Vorstellungs-, Beicht-, Konfirmationsabendmahls- und Konfirmationsgottesdienst sowie für die Dankandacht zu erarbeiten.

14. In jedem Kirchenkreis soll es einen **Beauftragten für Konfirmandenarbeit** geben. Er informiert und berät in Pfarrkonferenzen und einzelnen Gemeinden, hält den Kontakt zu dem Katechetischen Studienleiter sowie den Jugendarbeitern und beteiligt sich an der Abstimmung zwischen Religionsunterricht, Konfirmandenarbeit und Jugendarbeit.

15. Langfristig soll das **Beratungs- und Begleitungsangebot** für Konfirmandenarbeit verstärkt werden. Dabei soll von dem gemeinsamen Ziel der Konfirmandenarbeit her bei aller methodischen Vielfalt ein größeres Maß an verbindlicher Gemeinsamkeit in inhaltlicher Hinsicht entwickelt werden. Für die Hand der Konfirmanden und ihrer Eltern soll ein „Konfirmandenbuch“ erarbeitet werden.

PRÄAMBEL

1. Die Evangelische Kirche von Kurhessen-Waldeck ist gerufen zum Dienst am Evangelium von Jesus Christus, das in der Botschaft der Heiligen Schrift gegeben und im Bekenntnis der Reformation bezeugt ist.
   Die Landeskirche hat mit ihren Gemeinden und allen ihren Gliedern den Auftrag, das Evangelium in Wort und Sakrament, in Seelsorge, Unterweisung, Mission und Diakonie in rechter Weise auszurichten.
   (Präambel der Grundordnung der Evangelischen Kirche von Kurhessen-Waldeck, Absatz 1 und 4)
2. In der Konfirmandenarbeit unterweist und begleitet die Evangelische Kirche die nachwachsende Generation im Übergang von der Kindheit zur Jugend, um ihr das Christsein als eigene Lebensmöglichkeit zu erschließen.
3. Im Konfirmationsgottesdienst werden die Konfirmanden eingeladen, in das Bekenntnis der Gemeinde einzustimmen und eigenverantwortlich am Leben der Kirche teilzunehmen. Die Gemeinde erbittet für ihre Konfirmanden Gottes Segen. Jedem einzelnen Konfirmanden wird der Segen zugesprochen.

TEIL 1: Ziel und Inhalt der Konfirmandenarbeit

1.1 Voraussetzungen der Konfirmandenarbeit

1.1.1 Bezug zur Taufe

Die Konfirmandenarbeit bezieht sich auf die Taufe. (Zum theologischen Verständnis der Taufe siehe das Votum der Theologischen Kammer der Evangelischen Kirche von Kurhessen-Waldeck, DIDASKALIA 29)

Den Konfirmanden*, die als Kinder getauft wurden, soll die Konfirmandenarbeit helfen, zu erfahren, zu verstehen und zu bedenken, was ihnen durch die Taufe zugesagt und zugemutet ist. Die noch nicht Getauften werden durch die Konfirmandenarbeit auf die Taufe vorbereitet.

1.1.2 Kenntnisse und Erfahrungen aus der Kindheit

Die Konfirmandenarbeit nimmt religiöse Einflüsse, Kenntnisse und Erfahrungen aus Familie und Kirchengemeinde, aus Kindergarten und Schule auf. Sie steht vor der Aufgabe, diese Eindrücke beim Übergang zum Jugendalter aufzuspüren, ins Bewußtsein zu bringen, zu klären und, soweit sie dem Evangelium entsprechen, vertiefend weiterzuführen.

1.1.3 Ergänzung und Weiterführung

Konfirmandenarbeit wird ergänzt und fortgesetzt in den Angeboten kirchlicher und schulischer Bildung:

- in der kirchlichen Jugend- und Erwachsenenarbeit
- im Religionsunterricht
- durch Mitarbeit in kirchlichen und sozialen Arbeitsfeldern, Initiativen und Diensten.

---

* Es wurde darüber diskutiert, ob durchgehend die „männlichen Begriffe“ durch weibliche (Konfirmandin, Pfarrerin, Leiterin, Mitarbeiterin usw.) ergänzt werden sollten. Obwohl nicht zu verkennen ist, daß solche sprachlichen Formen Bewußtsein bilden, wird im Folgenden im Interesse einer gut lesbaren, einfachen Textgestalt der traditionelle Sprachgebrauch verwendet.

1.1.4 Christsein als „Wachsen auf Gott hin"

Konfirmandenarbeit geschieht wie alle kirchliche Arbeit in dem Wissen, daß Glaube nur durch das unverfügbare Wirken des Heiligen Geistes entstehen und lebendig bleiben kann. Christsein ist nie etwas Abgeschlossenes, sondern ein lebenslanger wechselvoller Prozeß, im Vertrauen auf Gott und in der Liebe zum Nächsten zu wachsen.

1.2 Ziel der Konfirmandenarbeit

1.2.1 Gemeinsames Ziel der Konfirmandenarbeit

In der Konfirmandenarbeit will die Evangelische Kirche ihrer nachwachsenden Generation im Übergang von der Kindheit zur Jugend Möglichkeiten erschließen, zum Glauben an Jesus Christus zu finden, in die Gemeinschaft der Kirche hineinzuwachsen und in Verantwortung vor Gott zu leben.

1.2.2 Unterschiedliche Akzentsetzungen

Dieses gemeinsame Ziel ermöglicht verschiedene Akzentsetzungen, die zu verschiedenen Konzeptionen der Konfirmandenarbeit führen können. Dabei werden die Prägung der Gemeinde, das Alter der Konfirmanden und die Situation der Gruppe, die pädagogischen Möglichkeiten und der theologische Ansatz der Leiter wichtig sein.

Es lassen sich vier Akzentsetzungen unterscheiden:

1.2.2.1 Wesentliche Überlieferungselemente des christlichen Glaubens kennen- und verstehen lernen

Hier geht es darum, die grundlegenden Inhalte des christlichen Glaubens den Konfirmanden so nahezubringen, daß sie sich diese als Orientierungswissen aneignen und mit wichtigen Texten aus Bibel, Katechismus, Gesangbuch und neuerem Liedgut vertraut werden und sie als Lebenshilfe annehmen können.

Die Auswahl soll sich zwar grundsätzlich an dem

orientieren, was die Konfirmanden verstehen können, doch sind ihnen auch Inhalte und Texte zuzumuten, die sich erst im Lauf des weiteren Lebens tiefer erschließen. Genauso wichtig wie die Vermittlung und Festigung von Orientierungswissen ist es, eine bleibende Ansprechbarkeit und Offenheit für Fragen des Glaubens zu erreichen.

1.2.2.2 **In ihrer Kirchengemeinde Gemeinschaft der Kirche Jesu Christi erleben**

Hier geht es darum, daß die Konfirmanden Kirche als Gemeinschaft der Christen erleben. Dies bedeutet, daß sie in das Leben ihrer Kirchengemeinde mit Gespräch, Feier und Dienst hineinwachsen. In Gottesdienst und Abendmahl, im Miteinander der Gruppen, im diakonischen Einsatz und ökumenischen Bezug sollen die Konfirmanden „bewohnbare Lebensräume“ und tragende Gemeinschaft kennen- und schätzenlernen.

1.2.2.3 **Orientierungshilfen im christlichen Glauben finden**

Hier geht es darum, aktuelle Fragen, Themen und Probleme aufzunehmen und dazu Elemente und Texte der Überlieferung ins Gespräch zu bringen, damit die Konfirmanden christlichen Glauben als Möglichkeit zur Gestaltung ihres persönlichen Lebens sowie des sozialen und gesellschaftlichen Miteinanders entdecken und annehmen können.

Damit sind auch Ansätze zur kritischen Auseinandersetzung mit gesellschaftlich-politischen Verhaltensweisen und Werten gegeben. In dieser Auseinandersetzung will die Gemeinde ihre Konfirmanden auf dem Weg zur Eigenverantwortung begleiten und bestärken.

1.2.2.4 **Hilfe bei der Selbstfindung und Sozialisation erfahren**

Hier geht es darum, daß die Konfirmanden in ihrer besonderen Lebenssituation und Entwicklung mit ihren Fragen, Problemen und Möglichkeiten ernstgenommen und akzeptiert werden. Im Zusammenarbeiten und -leben soll ihnen Spielraum gegeben werden, Orientierung für ihre Selbstfindung und Sozialisation zu finden.

So können sie in ihrer Persönlichkeitsentwicklung gefördert werden.

1.2.3 **Diese vier Akzentsetzungen sind notwendige Elemente jeder Konzeption von Konfirmandenarbeit**

Keine dieser Akzentsetzungen darf grundsätzlich ausgeschlossen werden, wenn sie auch nicht alle gleichwertig und gleichzeitig vorkommen können. Die gemeinsame Zielsetzung (1.2.1) bildet den verbindlichen Rahmen der Konfirmandenarbeit. Die unterschiedlichen Akzentsetzungen (1.2.2) eröffnen Spielraum, um der jeweiligen Konfirmandenarbeit ihr eigenes Profil zu geben sowie der Situation und den Inhalten entsprechend wechselnde Schwerpunkte zu setzen. In allen Formen von Konfirmandenarbeit sollen die Konfirmanden die Zuwendung und seelsorgerliche Begleitung von Christen erleben.

1.3 Inhalte der Konfirmandenarbeit

Entsprechend der in vier Akzenten entfalteten Zielsetzung ergeben sich für die Inhalte der Konfirmandenarbeit folgende Themenfelder:

- Grundelemente christlicher Überlieferung
- Lebensraum Kirche
- Lebensgestaltung und Weltverantwortung
- Selbstfindung und Sozialisation

1.3.1 Grundelemente christlicher Überlieferung

- Im Gottesdienst und in der Konfirmandengruppe werden die Konfirmanden mit der biblischen Überlieferung vertraut.
- Durch das Kennenlernen alter und neuer Lieder und Gebete finden sie einen Zugang zu gelebter Frömmigkeit.
- In den Hauptstücken der Katechismen (Zehn Gebote, Apostolisches Glaubensbekenntnis, Vaterunser, Einsetzungsworte zu Taufe und Abendmahl) begegnen sie den Themen, in denen zusammengefaßt ist, was

nach evangelischem Verständnis im Leben und Sterben gilt und trägt.

1.3.1.1 **Die Erklärungen zu den Hauptstücken** in den reformatorischen Katechismen können eine Anregung und Hilfe sein, mit den Konfirmanden nach zeitgemäßen Erklärungen und Veranschaulichungen zu suchen. Hierfür eignen sich auch biblische Texte sowie andere Geschichten, Bilder und Lieder.

1.3.1.2 **Die fünf Hauptstücke** sollen durch wiederholten Gebrauch vertraut gemacht und angeeignet werden. Was darüber hinaus an biblischen Texten, an Gebeten und Liedern gelernt wird, hängt von örtlichen und situativen Gegebenheiten ab und soll nicht allgemein festgelegt werden.

1.3.2 **Lebensraum Kirche**

Hierbei geht es besonders um folgende Erfahrungsbereiche:

- Kirche als Gemeinschaft im Gottesdienst und in Gruppen
- Aufgaben und Einrichtungen der Kirche
- Menschen, die in der Kirche mitarbeiten.

1.3.2.1 Den Lebensraum Kirche in seinen **erfahrbaren Bereichen** zu erschließen, ist ein besonderer Schwerpunkt der Konfirmandenarbeit gegenüber dem Religionsunterricht. Das geschieht durch Orientierung über die Begründung, Gestalt und Aufgabe der Kirche. Es wird im engen Zusammenhang mit wichtigen biblischen Texten und dem Dritten Glaubensartikel einerseits und im konkreten Kennenlernen der Lebensäußerungen und Einrichtungen der Gemeinde und Kirche andererseits erfolgen.

1.3.2.2 Für diese **Erschließung des Lebensraums Kirche** wird es wichtig sein, daß nicht nur Ansprüche geltend gemacht, sondern daß sie auch mit der vorfindlichen Lebenswirklichkeit verglichen und Defizite ehrlich benannt werden, damit deutlich wird: Kirche ist eine Gemeinschaft auf dem Weg, die der ständigen Neubesinnung auf ihren Grund und Auftrag, des weiterführenden Mitdenkens und Betens, der Erfahrungen und Einfälle und des Engagements aller ihrer Glieder bedarf, auch ihrer Konfirmanden.

1.3.3 **Lebensgestaltung und Weltverantwortung**

Hierbei spielen folgende Aspekte eine wichtige Rolle:

- Die Zusammengehörigkeit von Freiheit und Verantwortung des Christen
- Die Begründung des Wertes und der Würde jedes Menschen als Ebenbild Gottes
- Die Mitverantwortung für Gerechtigkeit, Frieden und Bewahrung der Schöpfung.

1.3.3.1 Ansetzend bei aktuellen Fragen werden grundlegende Aussagen des christlichen Glaubens so ins Gespräch gebracht, daß für die Konfirmanden **ethische Entscheidungsmöglichkeiten** deutlich werden, an denen sie sich orientieren können. Damit kann und soll ihre eigenverantwortliche Entscheidung vorbereitet und ermöglicht werden.

1.3.3.2 Die Beschäftigung mit den Fragen des gesellschaftlich-politischen Lebens wird in der Konfirmandenarbeit immer nur exemplarisch, d.h. an einzelnen **Schwerpunkten** erfolgen können. Dabei ist auszugehen von den Themen, die aktuell diskutiert werden, für die jeweilige Gemeinde wichtig sind oder das besondere Interesse der Konfirmandengruppe finden.

1.3.4 **Selbstfindung und Sozialisation**

Hierbei geht es vor allem um folgende Themenbereiche:

- Die Selbstannahme des Menschen aufgrund seines Angenommenseins durch Gott
- Die Lebenssituation und Entwicklung der Konfirmanden im Übergang von der Kindheit zur Jugend
- Verantwortliche Lebensgestaltung in der Spannung zwischen Angst und Hoffnung.

1.3.4.1 In der Lebenssituation der Konfirmanden, die von Umbrüchen, Veränderungen, Unsicherheit und Orientierungsbedürfnis geprägt ist, soll die Begegnung mit der christlichen Überlieferung und Kirche so stattfinden, daß sie sich den Jugendlichen als **Hilfe zur Identitätsfindung und zur eigenen Lebensgestaltung** in Verantwortung vor Gott erschließen.

1.3.4.2 Die Beschäftigung mit der Lebenssituation der Konfirmanden muß sich behutsam an den Möglichkeiten und Reaktionen der jeweiligen Konfirmandengruppe und an deren Zusammensetzung orientieren. Sie setzt voraus, daß ein **Vertrauensverhältnis** zwischen Konfirmanden und Gruppenleitern sowie zwischen den Konfirmanden untereinander wachsen kann.

TEIL 2: Die Situation der Konfirmanden

2.1 Entwicklungspsychologische Aspekte

2.1.1 Merkmale dieser Situation

2.1.1.1 Allgemeine Merkmale

Im Alter zwischen 12 und 15 Jahren vollzieht sich der Übergang zwischen Kindheit und Jugend, genauer zwischen Vorpubertät und Pubertät. Er ist ausgelöst durch einen erhöhten körperlich-sexuellen Entwicklungsschub, der von Jungen und Mädchen unterschiedlich erlebt wird und ihre Gefühlswelt und Interessen zunehmend bestimmt.

Die Verarbeitung der körperlichen Veränderungen und der damit verbundenen Gefühle nimmt viel Aufmerksamkeit und Kraft der Konfirmanden in Anspruch. Jugendliche erleben ihren Körper und ihre Persönlichkeit häufig als fremd und sind dadurch erschreckt und fasziniert zugleich. Diese Erfahrung läßt sie aufmerksam die eigene Person und die Mitmenschen beobachten.

Die Loslösung von den Eltern, die Ausrichtung auf die Gruppe der Gleichaltrigen und die Auseinandersetzung mit außerfamiliären Erwachsenen (Lehrer, Pfarrer, Mitarbeiter) sind soziale Folgen dieser Umbruchsituation und führen die Konfirmanden zu neuen gesellschaftlichen und religiösen Fragestellungen.

In dem geschilderten Entwicklungsprozeß gibt es deutliche Unterschiede der einzelnen Gleichaltrigen. In der Regel sind die Mädchen den gleichaltrigen Jungen hier um ein bis zwei Jahre in der Entwicklung voraus.

2.1.1.2 Auffallende Verhaltensmerkmale

Der Entwicklungsprozeß ist gekennzeichnet von Unruhe, starken Gefühlsschwankungen und Widersprüchlichkeiten:

- Unsicherheit, Unbehagen und Ablehnung gegenüber dem eigenen Körper und Aussehen - dann wieder eine übertriebene Zuwendung zu sich selbst
- ganz mit sich selbst beschäftigt, rücksichtslos, arrogant bis aggressiv gegen andere - äußerst empfindlich gegenüber Kränkungen und abwertender Ironie, besonders von seiten Erwachsener
- Begeisterung und Interesselosigkeit können plötzlich wechseln
- emotionsarmes scharfsinniges Denken - überschießende Gefühlshaftigkeit
- unbändige Bewegungsaktivität (action) - Vor-sich-hin-Dösen, Gefühl der Langeweile, Rückzug ins Träumen
- vermehrter Anspruch auf Freiheit, Selbstbestimmung und Eigenverantwortung - Unfähigkeit, die eigenen Erfordernisse zu ordnen und Vereinbarungen einzuhalten
- überzogene Selbstdarstellung - depressive Gestimmtheit (schwache Ichkräfte).

2.1.1.3 Sinn und Ziel des Entwicklungsprozesses

Es geht um das Finden einer personalen und sozialen Identität (Erikson). Das Suchen danach drückt sich aus in den Fragen: Wer bin ich eigentlich? Wie sehen mich die anderen? Wie kann ich für mich selbst und bei anderen eine Identität finden, die standhält? Dabei ist der Jugendliche zwischen Reifungsfortschritten und der Sehnsucht nach Beibehaltung der kindlichen Rolle hin und her gerissen. Dieses Schwanken macht einen Spielraum nötig zum Experimentieren und Ausprobieren von Rollen ohne Drohung und Strafe. Gefühlsbindungen an die Eltern werden aufgebrochen und verändert, Erwachsenen-Normen kritisch geprüft und mißtrauisch abgelehnt, um über das Nein-Sagen ein eigenes Konzept des Lebens zu entwickeln. Das ist verbunden mit der Suche nach annehmbaren, oft zunächst durch Äußer-

lichkeiten faszinierenden Vorbildern unter Erwachsenen und nach stabilisierenden gleichgeschlechtlichen, dann verschiedengeschlechtlichen Freundschaften. Durch die liberalisierte Erziehung der letzten Jahrzehnte scheint die Ablösung eher erschwert als erleichtert zu sein.
Im Ablösungsprozeß spielt die Clique oder peer-group, das Grüppchen Gleichaltriger, zu dem einer gehört, eine wichtige Rolle. Es bietet Stabilisierung, Orientierung und Rückzugsmöglichkeit gegenüber der Erwachsenenwelt. In jeder Konfirmandengruppe spielen diese Cliquen eine wichtige Rolle.

2.1.2 Konsequenzen für die Arbeit mit Konfirmanden

Die geschilderte Situation des Umbruchs in körperlicher, seelischer, gesellschaftlicher und religiöser Hinsicht bietet Chancen (siehe 2.2.2.2), erschwert aber auch eine gezielte Vermittlung von Orientierungswissen und eine geradlinige Einführung in das Leben der christlichen Gemeinde. Häufig entsteht sogar der Eindruck, daß sich der Jugendliche diesen - von einem Erwachsenen vermittelten - Zielen der Konfirmandenarbeit entgegenstellt. Es sollte gerade auch bei solchen Spannungen ein wichtiges seelsorgerliches Ziel sein, die Mädchen und Jungen in ihrer Identitätsfindung zu begleiten und zu bestärken (siehe 1.2.2.4).

2.1.2.1 Situationsbezogene Konfirmandenarbeit

Themen und Inhalte sollten den Konfirmanden so situationsbezogen aufgeschlossen werden, daß sie selbst sich mit ihren Fragen und Problemen darin wiederfinden können. Erst dann werden sie aus ihrem eigenen Erfahrungshorizont heraus kompetent und kritisch mitreden können und nicht nur Objekte der Belehrung bleiben. Ihre kritischen Anfragen und Änderungsvorschläge dürfen von der Gemeinde nicht einfach abgetan, sondern müssen gehört, ernstgenommen und evtl. aufgenommen werden. Die „Aufnahme in die Gemeinde der Erwachsenen“ darf nicht als Zwang zur

Anpassung an herkömmliche Traditionen verstanden werden, sondern soll zum Mitengagement ermutigen.

2.1.2.2 Probleme mit der Motivation und Disziplin der Konfirmanden

Viele Pfarrer beklagen die mangelnde Motivation ihrer Konfirmanden, die Interesselosigkeit an Fragen des Glaubens und der Kirche und die daraus folgende Disziplinlosigkeit.

Häufig liegen die Ursachen hierfür in der Lebenssituation der Konfirmanden. Daneben kann es aber auch andere Gründe geben:

- Die Konfirmandenarbeit geschieht zunehmend unter besonderen Bedingungen, die sich von denen der Schule unterscheiden (Bildungsunterschiede innerhalb der Gruppe, Fehlen von Disziplinierungsmaßnahmen und Noten usw.). Dies enthält Chancen, bringt aber auch Schwierigkeiten, weil Konfirmandenarbeit eine eigenständige Pädagogik erfordert.
- Die Leiter sind sich möglicherweise über ihre Zielsetzung und Konzeptionen nicht im Klaren und gehen auf die Situation der Konfirmanden nicht genügend ein.
- Nicht immer haben die Leiter die Inhalte, die sie vermitteln wollen, so gründlich verarbeitet, daß sie sie einfach, klar und verständlich darstellen können.
- Manchmal fehlt eine hinreichende Unterstützung der Konfirmandenarbeit durch Eltern und Gemeinde, oder einzelne Konfirmanden geraten in einen Zwiespalt zwischen Elternhaus und Kirche.

Diese und andere Faktoren können die Motivation und die Arbeitsatmosphäre entscheidend beeinflussen und sind zugleich auch Ansatzpunkte für gezielte Verbesserungen.

2.1.2.3 Konsequenzen für die Leiter

- Eine gründliche situationsbezogene Vorbereitung der Konfirmandenarbeit ist unerläßlich.
- Die theoretische Beschäftigung mit diesem Alter führt

zu einer Auseinandersetzung mit der eigenen Jugend und erleichtert den Zugang zur Sprachwelt, zur Musik und zu sonstigen Interessen der Konfirmanden.

- Flexibilität in den Arbeitsformen und handlungsorientierte Arbeitsschritte können die schwindende Aufmerksamkeit auffangen.
- Die besonderen Entwicklungsprobleme erfordern Toleranz und Langmut. Die Leiter sollten sich nicht entmutigen lassen durch widersprüchliches Verhalten der Konfirmanden, wenn sie z.B. spielerische Arbeitsformen wünschen und diese dann in der nächsten Stunde als „Kinderkram" ablehnen.
- Gelegentlich äußern und verhalten Konfirmanden sich unglaublich provozierend. Darauf sollten die Leiter nicht ironisch, abwertend oder verletzend reagieren, sondern nach den Ursachen für dieses Verhalten suchen.
- Leiter sind Erwachsene wie die Eltern, von denen sich die Konfirmanden einerseits abgrenzen, die aber andererseits auch positive Vorbilder sein können. Sie sollten ihre Rolle weder durch „Kumpelei" vertuschen noch Distanz in autoritärem Verhalten suchen, sondern ihrer Persönlichkeit entsprechend ehrlich sein. Dabei wird es gelegentlich auch nötig sein, den Konfirmanden Grenzen ihres Verhaltensspielraumes aufzuzeigen und konsequent auf der Einhaltung notwendiger Regeln zu bestehen.
- Die Leiter sollten ihre Erfahrungen im Umgang mit Konfirmanden immer wieder mit anderen Pfarrern und Mitarbeitern durchsprechen und bei auftretenden Konflikten fachliche Beratung in Anspruch nehmen.

2.2 Konfirmationsalter

2.2.1 Geltende Bestimmungen

Die Konfirmation findet im 8. Schuljahr statt. Dabei ist

zu beachten, daß das 8. Schuljahr nicht immer mit dem 8. Schuljahrgang übereinstimmt.

Gemeinden, die aus besonderen Gründen die Konfirmation im 9. oder 7. Schuljahr vorsehen, können dies durch ihren Kirchenvorstand beschließen. Der Beschluß bedarf der Zustimmung des Kirchenkreisvorstandes und des Landeskirchenamtes (KABl 1989, Nr. 12).

Bei der Vorbereitung eines solchen Beschlusses sollte Kontakt aufgenommen werden zu den Schulen, Eltern und den benachbarten Gemeinden.

2.2.2 Probleme und Chancen der Arbeit mit dieser Altersstufe

Die besondere Bewertung des Alters von vierzehn Jahren geht bis in das römische Recht (perfecta aetas) zurück. Es ist das Alter der Religionsmündigkeit in der Bundesrepublik. Für die Konfirmandenarbeit ergeben sich aber in diesem Entwicklungsalter ganz besondere Probleme. Das führt immer wieder zu der Frage, ob es ratsam und sinnvoll ist, die Konfirmandenarbeit gerade in diesem Alter anzusetzen.

2.2.2.1 Viele Pfarrer und Mitarbeiter haben das Gefühl, mit dieser besonderen pädagogischen Situation nicht zurechtzukommen, dafür auch nicht genügend qualifiziert zu sein und so die Inhalte, die uns am Herzen liegen, nicht vermitteln zu können. Sie fragen nach **Alternativen** (siehe dazu auch 3.2.2).

2.2.2.2 Andere machen geltend, daß gerade in diesem Alter, besonders in der zweiten Hälfte der Konfirmandenzeit, in der Suche nach neuen Bezugspersonen auch **Chancen** liegen. Hier werden Verständnis- und Gesprächsbereitschaft der Kirche, die Vermittlung der sinngebenden biblischen Botschaft und die seelsorgerliche Begleitung bei der Identitätssuche besonders gebraucht. Wenn sich die Kirche aus dieser Schwellensituation zurückzieht, werden andere Institutionen oder Interessengruppen dieses Vakuum mit irgendwelchen Jugendweihen ausfüllen.

2.2.3 **Gründe für die Herauf- oder Herabsetzung des Konfirmationsalters**

2.2.3.1 Als Gründe für die **Heraufsetzung** des Konfirmationsalters werden angeführt:

- Kritische Reflexion, Interesse an Beziehungsfragen, Verständnis für Sinnbilder, Suchen nach Identität und Lebenssinn sowie allgemeines Problembewußtsein nehmen merklich zu, was intensivere Gespräche über Glauben und Leben ermöglicht.
- Auch ist die Bereitschaft größer, sich auf meditative, interaktionelle u.ä. Arbeitsformen einzulassen.
- Dieses Alter macht auch einen besseren Übergang zur Jugendarbeit möglich.
- Mit dem Unterricht in diesem Alter liegen über lange Jahre die Erfahrungen in einer Reihe unserer Gemeinden vor. Es gibt offenbar keine schwerwiegenderen Probleme mit der Schule als jetzt schon. Die Erlasse und Verfügungen von Kultusminister und Regierungspräsident werden nicht berührt.

2.2.3.2 Als Gründe für die **Herabsetzung** des Konfirmationsalters werden angeführt:

- Es gibt weniger Disziplin- und Ordnungsschwierigkeiten.
- Das Interesse an Themen der Glaubenslehre und die Bereitschaft, sich auf das Auswendiglernen und auf das Einüben von gottesdienstlichen Formen einzulassen, sind größer.
- Die Aufmerksamkeit ist noch nicht primär durch die pubertären Veränderungen im eigenen Gefühlsleben bestimmt.
- Die Kinder stehen noch nicht unter dem schulischen Leistungsdruck, der sich im Vorfeld der Berufsfindung bzw. Berufswahl einstellt.

2.2.4 Gründe gegen eine Freigabe des Konfirmationsalters

Gegen eine Freigabe des Konfirmationsalters sprechen folgende Gründe:

- Beim Wechsel der Kirchengemeinde durch Umzug können Schwierigkeiten entstehen, wenn Konfirmanden in eine Gemeinde kommen, in der das Konfirmationsalter herabgesetzt worden ist.
- Bisher ist durch Erlaß des Staates geregelt, daß zwei Nachmittage in der Woche unterrichtsfrei bleiben, damit der Konfirmandenunterricht erteilt werden kann. Es ist fraglich, ob über die bisherige Praxis hinaus eine Ausweitung auf die Schuljahrgänge 6 und 9 möglich sein wird. Wird sie nicht erreicht, kommen einzelne Konfirmanden in Konflikt mit den Anforderungen der Schule.
- Es fällt den Eltern, Kindern und der Schule leichter, die für Konfirmandenfreizeiten erforderlichen Unterrichtsbefreiungen zu beantragen bzw. zu gewähren, wenn es sich um höchstens zwei Schuljahrgänge handelt.
- Auch die übrigen gesellschaftlichen Einrichtungen (Sportvereine, Musikschulen, Volkshochschulen, Feuerwehr usw.) werden bei ihrer Programmgestaltung auf größere geschlossene Gruppen eher Rücksicht nehmen als auf einzelne Konfirmanden.
- Eine Freigabe des Konfirmationsalters kann auch zu Konflikten innerhalb einer Kirchengemeinde führen, wenn in einer Gemeinde mit mehreren Pfarrern diese wegen ihrer speziellen Begabungen und Konzeptionen ein unterschiedliches Konfirmationsalter wünschen. Schwierigkeiten entstehen möglicherweise auch bei einem Pfarrerwechsel.
- Die Preisgabe der noch weithin bestehenden Einheitlichkeit des Konfirmationsalters und die Ablösung der Konfirmation von dem üblichen Alter könnte langfristig die Breite der Teilnahme an der Konfirmation überhaupt in Frage stellen.

2.3 Verhältnis der Konfirmandenarbeit zu Schule und Religionsunterricht

2.3.1 Konfirmandenarbeit und **Religionsunterricht** haben zwar eine Fülle von Berührungspunkten und Parallelen; sie unterscheiden und ergänzen sich jedoch in Zielsetzung und Durchführung. Daher kann der Religionsunterricht mit dem Hinweis auf den gleichfalls stattfindenden Konfirmandenunterricht **keineswegs ausfallen**. Der Religionsunterricht ist ordentliches Lehrfach der Schule.

2.3.2 Es sollte versucht werden, in **Pfarrer-Lehrer-Treffen** (z.B. im Rahmen einer Pfarrkonferenz) einmal im Jahr abzusprechen, welche Inhalte und Arbeitsformen im Mittelpunkt des Religionsunterrichts und des Konfirmandenunterrichts für diese Jahrgangsstufe stehen (siehe dazu auch 3.10.5).

2.3.3 Nach der gegenwärtigen Rechtslage stehen für Konfirmandenunterricht **zwei schulfreie Nachmittage** pro Woche zur Verfügung. Es ist Sache der örtlichen Absprache zwischen den kirchlichen und schulischen Gremien, welche Nachmittage dafür gewählt werden (KABl 1978, Seite 118). Innerhalb eines Schuleinzugsbereichs ist eine einheitliche Regelung erforderlich.

2.3.4 Die organisatorischen Probleme lassen sich weiter vermindern, wenn die **Termine** der Konfirmandenarbeit, besonders der Freizeiten, rechtzeitig mit den Schulen abgesprochen werden.

2.4 Terminüberschneidungen mit Vereinen und anderen außerschulischen Veranstaltungen

2.4.1 Probleme

Die üblichen Nachmittage für die regelmäßigen Konfirmandenstunden und die Gottesdienstzeiten sollen grundsätzlich von anderen Veranstaltungen freigehalten werden. Trotzdem kommt es oft zu Terminkollisionen mit

außerschulischen Veranstaltungen, die zu Störungen und Ausfällen bei Konfirmandenstunden, Gottesdiensten, Freizeiten und anderen Unternehmungen der Konfirmandenarbeit führen.
Den Konfirmanden sind diese anderen Veranstaltungen auch wichtig, weil sie sich davon gesellschaftliche Anerkennung, Förderung eigener Fähigkeiten und Möglichkeiten, Einübung von Verantwortlichkeit und Rückzugsmöglichkeiten aus der Familie versprechen.

2.4.2 **Lösungsvorschläge**

Für die Motivation zur Konfirmandenarbeit ist zu berücksichtigen:
- daß die Konfirmanden die Konfirmandenarbeit möglichst nicht als Konkurrenz zu diesen Vereinen und Gruppierungen erleben
- daß ständige Konflikte nicht auf dem Rücken der Konfirmanden ausgetragen werden, sondern vom Pfarrer direkt mit den zuständigen Leitern, Gremien oder Eltern
- daß langfristige Terminabsprachen mit den Zuständigen, etwa bei der Planung von Freizeiten, und wiederholte Kontakte die Konfliktsituation entschärfen.

2.5 Breite der Schulbildung und Behinderte in der Konfirmandenarbeit

Außer den Unterschieden im Entwicklungsstand der Einzelnen sowie zwischen Mädchen und Jungen ist die Konfirmandengruppe in der Regel dadurch gekennzeichnet, daß Schüler aller Schularten, also auch Lernbehinderte und Praktisch-Bildbare, dazu gehören. Das unterscheidet die pädagogische Situation der Konfirmandenarbeit grundsätzlich von der in den Schulen.
Verhaltensgestörte oder behinderte Konfirmanden sollen in der Regel zusammen mit ihrem Jahrgang unterrichtet und eingesegnet werden. Dabei ist der Rat von Fachkräften einzuholen (KABl 1989, Nr. 12).

2.5.1 **Die besondere Aufgabe der Kirche**

Der Konfirmandenarbeit ist die Aufgabe gestellt, die Jungen und Mädchen der Gemeinde ohne jede wertende Unterscheidung in ihren Konfirmandengruppen zusammenzufassen. Im Zusammensein, -arbeiten und -leben, auch mit Lernschwachen, Verhaltensgestörten und Behinderten, ist ein exemplarisches Lernfeld für christliche Gemeinschaft gegeben.

2.5.2 **Gestaltung der Konfirmandenarbeit**

Dieser Aufgabe kann die Konfirmandenarbeit nur gerecht werden, wenn sie sowohl in der Wahl von Arbeitsformen für die Vermittlung christlicher Inhalte diese Breite der Schulbildung konsequent berücksichtigt als auch in ihrer Zielsetzung diese besondere gruppendynamische Situation beachtet.

2.5.2.1 **In vielfältigen ganzheitlichen Arbeitsformen** muß den Konfirmanden mit ihren unterschiedlichen Begabungen die Möglichkeit gegeben werden, die Inhalte aufzunehmen, sich zu äußern und einzubringen. Das geschieht durch sichtbare und erlebbare Zeichen in Spiel und Bewegung, in kreativen und kommunikativen Gestaltungen, im Gespräch, das Empfindungen und Erfahrungen behutsam aufnimmt, bis hin zu verstandesmäßigem Begreifen von Inhalten und Zusammenhängen. Dabei sollte deutlich werden, daß dies in der ganzen Breite zwar unterschiedliche, aber gleichwertige Zugänge zu den Inhalten des Evangeliums sind.

Ebenso wichtig ist, daß verhaltensgestörte und behinderte Konfirmanden sich wie die anderen **in der Konfirmandengruppe aufgenommen und darin wohlfühlen** können.

2.5.2.2 In besonderen Situationen kann es sinnvoll sein, **die Konfirmandenarbeit an Schulen für Praktisch-Bildbare und in Einrichtungen, in denen geistig-behinderte Menschen** leben, von speziell ausgebildeten Lehrkräften und Heilpädagogen gesondert durchführen zu lassen. Das sollte jedoch in Absprache und möglichst in Zusammenarbeit mit den jeweils zuständigen Pfarrern geschehen, damit die Arbeit mit behinderten Konfirmanden aus ihrer Randsituation stärker ins Bewußtsein der Ortsgemeinde und der Herkunftsgemeinden gerückt wird. Die Konfirmation sollte in einem Gemeindegottesdienst gefeiert werden.

2.5.3 **Konsequenzen und Lösungsvorschläge**

2.5.3.1 Die Arbeit mit Lernschwachen und Behinderten, aber auch mit Verhaltensauffälligen sollte stärker in die Programme der **religionspädagogischen Aus- und Fortbildung** der Studenten, Vikare und Pfarrer aufgenommen werden.

2.5.3.2 Die **Verbreiterung des Spektrums der Lernformen** zugunsten der intellektuell lernschwächeren Haupt- und Sonderschüler sowie der Stellenwert des sozialen Lernens in der Konfirmandenarbeit sollten ein größeres Verständnis in den Gemeinden, besonders bei Kirchenvorstehern und Eltern finden.

2.5.3.3 **Für lernschwache Konfirmanden** sind **„Übersetzer"** hilfreich. Dafür können ihnen ansprechbare und geeignete Mitkonfirmanden, jugendliche und erwachsene Mitarbeiter oder auch ihre Eltern in den Konfirmandenstunden zur Seite gestellt werden.

2.5.3.4 In besonders schwierigen Situationen können Verhaltensauffällige, Lernschwache und Behinderte neben den Konfirmandengruppen **gesondert in Kleingruppen** oder einzeln weitergeführt werden, aber das soll nur zeitweise geschehen und auf neue Versuche der Integration hin angelegt sein.

2.5.3.5 Einige Pfarrer sollten den **Auftrag zur fachlichen Beratung und praktischen Begleitung** in diesem speziellen Bereich erhalten und sich entsprechend dafür qualifizieren.

TEIL 3: **Organisationsformen, Methoden und Ausstattung der Konfirmandenarbeit**

3.1 **Dauer der Konfirmandenarbeit**

3.1.1 **Die Dauer des Konfirmandenunterrichts** beträgt anderthalb Jahre. Über die Dauer und Form der Konfirmandenzeit entscheidet der Kirchenvorstand im Einvernehmen mit dem Pfarrer. Beschlüsse von Kirchenvorständen, die eine Ausdehnung der Konfirmandenzeit auf zwei Jahre oder in Ausnahmefällen eine Verkürzung auf ein Jahr vorsehen, bedürfen der Zustimmung des Kirchenkreisvorstandes. Dieser soll bei seinem Beschluß die Situation der Nachbargemeinden und die Konsequenzen für die von den Kindern besuchten Schulen bedenken (KABl 1989, Nr. 12).

3.1.2 **Die Richtzahl der Konfirmandenstunden** beträgt 80. Bei dieser Richtzahl sind Konfirmandenstunden von 45 Minuten Dauer zugrunde gelegt; eine Ausdehnung der Unterrichtszeit auf 60 oder 90 Minuten ist erwünscht. Die Entscheidung darüber trifft der Pfarrer. Die Arbeitseinheiten der Freizeiten und der Konfirmandentage können angerechnet werden (KABl 1989, Nr. 12).
Gemeinsame Gottesdienstvorbereitungen, Erkundungen des Lebens der Kirchengemeinde (Praktika), Besuchsfahrten zu diakonischen und anderen kirchlichen Einrichtungen u.a. können es notwendig machen, über die Richtzahl von 80 Stunden hinauszugehen.

3.2 **Alternative Modelle der Konfirmandenarbeit**

Neben der üblichen Organisationsform der Konfirmandenarbeit mit regelmäßigen Wochenstunden sowie Freizeiten u.a. im 7. und 8. Schuljahr gibt es noch andere Modelle. Die Einführung des unter 3.2.2.2 genannten Modells kann durch den Kirchenvorstand beschlossen werden und ist dem Landeskirchenamt anzuzeigen. Die

Einführung und Erprobung der anderen hier aufgeführten und ähnlicher Modelle ist im Einvernehmen mit dem Kirchenkreisvorstand beim Landeskirchenamt zu beantragen. Erprobungsmodelle bedürfen der Begleitung und Auswertung (KABl 1989, Nr. 12).

3.2.1 Kurse und Seminare

3.2.1.1 Konfirmandenunterricht in Kursform

Zu verbindlichen Pflichtkursen tritt ein breiteres Angebot von thematischen Kursen, von denen jeder Konfirmand eine bestimmte Anzahl auswählt. Diese Form ist auch in Zusammenarbeit von mehreren Gemeinden möglich.

Für dieses Modell wird geltend gemacht:

- Die Möglichkeit, interessierende Themen auswählen zu können, bringt eine bessere Motivation der Teilnehmer und fördert deren Eigenverantwortung.
- Durch die Wahlmöglichkeit können Terminüberschneidungen mit anderen Veranstaltungen für die Teilnehmer eher vermieden werden.
- Die Arbeit mit kleineren Kursgruppen kann intensiver sein.
- Das breitere Kursangebot gibt Mitarbeitern und Gemeindegliedern mehr Gelegenheit, sich mit ihren besonderen Kenntnissen und Fähigkeiten einzubringen sowie thematische Angebote selbständig zu gestalten.

Mögliche Probleme bei diesem Modell sind:

- Es setzt eine größere Zahl von Konfirmanden und Mitarbeitern sowie geeignete Räume voraus.
- Ein genauer Terminplan muß den Konfirmanden und ihren Eltern rechtzeitig ausgehändigt und die Durchführung des Plans organisiert werden.
- Ein Wechsel der Bezugspersonen und die Aufgliederung der Konfirmanden in wechselnde Kursgruppen

können sich nachteilig auf die Kontinuität der Arbeit und auf das Zusammenwachsen der gesamten Konfirmandengruppe auswirken.

3.2.1.2 **Konfirmandenunterricht in Seminarform**

Ein oder mehrere mehrwöchige Seminare während der Schulferien treten an die Stelle einer entsprechenden Zahl von Wochenstunden.

Für dieses Modell wird geltend gemacht:

- Konzentration der thematischen Arbeit und intensive Gemeinschaftserfahrung werden möglich.
- In den täglichen Besinnungen können durch Wiederholung Texte angeeignet werden.
- Das Problem der unregelmäßigen Teilnahme von Konfirmanden ergibt sich bei einer Seminarveranstaltung kaum.

Bedenken gegen dieses Modell bestehen an folgenden Punkten:

- Es ist finanziell und organisatorisch sehr aufwendig.
- Für die Konfirmanden, die nicht teilnehmen können, müssen andere Lösungen gefunden werden.
- Die Möglichkeiten langfristiger Verarbeitung und Aneignung sind eingeschränkt.
- Der Gemeindebezug wird geringer.

3.2.2 **Unterschiedliche Phasen**

3.2.2.1 **Vorverlegung einer ersten Phase der Konfirmandenarbeit ins 5. oder 6. Schuljahr**

Hier werden die biblischen Grundkenntnisse vermittelt, Texte gelernt, gottesdienstliches Leben eingeübt und auf die Teilnahme am Abendmahl vorbereitet unter Mitarbeit von Eltern und anderen, die dazu anzuleiten sind.

Die **zweite Phase**, die mit der Konfirmation abschließt, bleibt im 8. Schuljahr. Hier werden Gespräche über Glauben und Kirche, Gemeindepraktika und seelsorgerliche Begleitung die Inhalte bestimmen. Das geht am besten in Zusammenarbeit mit Jugendarbeitern.

Für dieses Aufteilungsmodell wird geltend gemacht:
- Die verschiedenen Zielsetzungen der Konfirmandenarbeit sind hier auf die jeweils geeigneter erscheinende Altersstufe aufgeteilt.
- Die Kinder haben früher die Möglichkeit, unterrichtet am Abendmahl teilzunehmen.

Gegen dieses Aufteilungsmodell wird geltend gemacht:
- Die Arbeit mit den dafür erforderlichen Mitarbeitern wird sehr viel aufwendiger.
- Es könnte zu ähnlichen Erscheinungen wie in der Katholischen Kirche kommen, wo die Firmung gegenüber der Erstkommunion in ihrer Bedeutung zurücktritt.
- Die Einübung in Formen des Gemeindegottesdienstes erscheint mit Kindern, die doch am Kindergottesdienst teilnehmen sollen, schwierig.

3.2.2.2 **Zweijährige Konfirmandenzeit mit vorgezogener Prüfung**

Das **erste Jahr** der Konfirmandenarbeit mit einem Schwerpunkt bei der Wissensvermittlung schließt mit der vorgezogenen Prüfung ab. Die **weitere** Konfirmandenzeit bis zur Konfirmation dient der inhaltlichen Vertiefung, dem Gespräch und der Entwicklung der Beziehungen innerhalb der Konfirmandengruppe.

Für dieses Modell wird geltend gemacht:
- Die in der Anfangsphase der Konfirmandenzeit verstärkt vorhandene Lernbereitschaft wird sinnvoll genutzt.
- Die Prüfung wird beibehalten, bestimmt aber nicht die gesamte Konfirmandenzeit.
- Die Konfirmandenzeit kann so im Bewußtsein der Konfirmanden ein „positives Gefälle“ bekommen.
- Der Übergang von der Konfirmandenarbeit zur Jugendarbeit wird erleichtert, weil die Konfirmandenarbeit in der zweiten Phase selbst schon Elemente der Jugendarbeit enthält.

Gegen dieses Aufteilungsmodell wird geltend gemacht:
- Eine isolierte, einseitige Lern-Phase könnte einer ganzheitlichen Begegnung mit den Inhalten des Konfirmandenunterrichts im Wege stehen.
- Das Vorziehen der Prüfung könnte in der zweiten Phase eine konzentrierte Konfirmandenarbeit erschweren.
- Durch die Entkoppelung von Prüfung und Konfirmation geht möglicherweise dem Konfirmationsfest ein wichtiges Element, nämlich das der eigenen Anstrengung und Leistung verloren.

3.2.2.3 **Konfirmandenarbeit mit einer Pflicht- und einer nachfolgenden Freiwilligkeitsphase**

Die **erste Phase** besteht aus einem Jahr verpflichtender Konfirmandenarbeit und schließt mit der Konfirmation im 8. Schuljahr ab. Sie dient dazu, Zugänge zu eröffnen und zur Beschäftigung mit Glaubensfragen zu motivieren. Die **zweite Phase** setzt nach der Konfirmation die Konfirmandenarbeit ein Jahr lang aufgrund eigener Entscheidung der Konfirmierten fort. Sie dient der Vertiefung und Begleitung.

Für dieses Aufteilungsmodell wird geltend gemacht:
- Die Konfirmation markiert hier deutlich den Übergang zur Eigenverantwortung.
- Dieses Modell nimmt das Anliegen der traditionellen Christenlehre in veränderter Form auf.
- Konfirmanden- und Jugendarbeit werden miteinander verknüpft.

Bedenken, die gegen dieses Aufteilungsmodell sprechen:
- Es ist fraglich, wieviele Konfirmierte nach der Konfirmation freiwillig weitermachen.
- Wenn die Phase bis zur Konfirmation 80 Unterrichtsstunden umfaßt, stellt sich die Frage, ob der

zeitliche Aufwand von Pfarrern und Mitarbeitern bewältigt werden kann.
- Wenn dagegen die zweite Phase ganz oder teilweise in die Richtstunden einbezogen wird, wird die Freiwilligkeit der zweiten Phase dazu führen, daß bei Konfirmanden, die daran nicht teilnehmen, entsprechende inhaltliche Defizite bleiben können.

3.3 Die Anmeldung der Konfirmanden

Zur Anmeldung wird durch ortsübliche Bekanntgabe aufgefordert.
Die Anmeldung erfolgt durch die Eltern bei dem zuständigen Gemeindepfarrer. Sie kann mit einem Elternabend verbunden sein. In diesem Zusammenhang werden die Eltern über den Sinn, die Erwartungen und die Gestaltung der Konfirmandenarbeit, über Termine, benötigte Materialen und anstehende Elternbeiträge informiert.
Soll ein Konfirmand in einer anderen Gemeinde oder Einrichtung angemeldet werden, ist die Zustimmung (Dimissoriale) des zuständigen Gemeindepfarrers einzuholen.
Bei einem Wohnungswechsel während der Konfirmandenzeit ist bei der Anmeldung in der neuen Gemeinde eine Bescheinigung über die bisherige Teilnahme vorzulegen.

3.4 Gruppengröße

Es sollen etwa 15 Konfirmanden in einer Gruppe sein. Gruppen von über 20 Konfirmanden sollen geteilt werden. Bei weniger als 6 Konfirmanden können auf Beschluß des Kirchenvorstandes zwei Jahrgänge zusammengefaßt oder Konfirmanden aus benachbarten Gemeinden gemeinsam unterrichtet werden (KABl 1989, Nr. 12).
Für Konfirmandenfreizeiten mit kleinen Gruppen gilt

das in besonderer Weise. Im Fall von übergemeindlichen Gruppen sollen die Kirchenvorstände im Einvernehmen mit dem Landeskirchenamt nach Lösungsmöglichkeiten für die Probleme des Transports der Konfirmanden suchen. Keinesfalls ist der Transport der Konfirmanden Sache der Leiter allein.

3.5 Vermittlungsformen und Methoden der Konfirmandenarbeit

3.5.1 Die Vermittlungsformen und Methoden **müssen dem Ziel der Konfirmandenarbeit** (siehe 1.2) **angemessen sein und entsprechen**. Dabei sollen die Fähigkeiten der Leiter ebenso berücksichtigt werden wie die Aufnahmefähigkeit der Konfirmandengruppe und ihrer einzelnen Mitglieder.

3.5.2 In der Pädagogik haben sich **unterschiedliche Arbeitsformen** bewährt: Neben dem Frontalunterricht, der der Vermittlung bestimmter Informationen dienen kann, ermöglicht die Gruppenarbeit die Verständigung der Teilnehmer untereinander und die Einübung von Toleranz und Annahme des Andersdenkenden. Daneben bieten sich Partner- und Einzelarbeit z.B. mit Arbeitsblättern an.

3.5.3 **Andere Lernformen** könnten sein:
Vortrag; Lehrgespräch; Unterrichtsgespräch; Kreisgespräch; Plenumsgespräch; Anspiel; Rollenspiel; Pantomime; Darstellen biblischer Geschichten; Interaktionsspiel; Meditation mit Musik, biblischen und anderen Texten und Gegenständen; Entspannungsübung usw.

3.5.4 **Handlungs- und erfahrungsorientierte Lernformen**, die die Konfirmandenarbeit zur Jugendarbeit hin öffnen, sind z.B. Erkundungen und Exkursionen, Praktika - vor allem im diakonischen und sozialen Bereich -, Aktionen und Projekte sowie die Gestaltung von Festen und kirchlichen Feiern.

3.5.5 Zur **Veranschaulichung** einzelner Themen und für ihre ganzheitliche Aneignung ist die Erstellung von Collagen und Bildern, von Plakaten, Leporellos, das Arbeiten mit Ton, Gips, Pappe, Stoff und Farben usw. zu empfehlen. Der Einsatz von Filmen und Kassetten, von Dias und Overheadfolien, von Tafelbildern, Tuchtafelbildern und Sprechzeichnen läßt Texte und Inhalte oft leichter erfassen.

3.5.6 Singen, Chorsprechen (z.B. bei Psalmen im Wechsel), Sprechen mit verteilten Rollen, können wie Tanz und Spiel überhaupt, die Arbeit auch auf den **körperlichen Bereich** beziehen.

3.5.7 Die regelmäßige Einleitung der Stunden durch eine Andacht mit Gebet, Psalmlesung, Meditation, Lied oder Bibellese kann ebenso wie der Abschluß mit Lied, Gebet oder Segen zur **Liturgie der Konfirmandenstunde** werden.

3.6 Singen und Musik in der Konfirmandenarbeit

3.6.1 Singen und Musik sind **Lebensäußerungen der Kirche** und darum wichtige Bestandteile der Konfirmandenzeit. Sie helfen, das Gemeinschaftsgefühl der Gruppe zu stärken; sie beteiligen den „ganzen Menschen“ in seiner geistig-seelisch-körperlichen Einheit an der gemeinsamen Sache.

3.6.2 Dies gilt insbesondere für das **Singen**: Durch das Singen lernt der junge Mensch richtig zu hören und zuzuhören. Mittels des Singens kann er sich und seine Gefühle mitteilen. Beim Singen erfährt er Gemeinschaft mit anderen. Das Erlernen und Kennen von Glaubensliedern kann zu einer wichtigen Hilfe im Leben werden. Das Einüben der Liturgie des Gottesdienstes und das Mitsingenkönnen von Liedern erleichtert den Zugang zum Gottesdienst und vermehrt die Freude, ihn mitzufeiern. Das Singen von alten und neuen Liedern gehört von alters her zum Glauben. Durch das regelmäßige

Singen in der Konfirmandenzeit werden die Konfirmanden in diese Tradition hineingenommen.

3.6.3 Die Beteiligung der Konfirmanden an der **musikalischen Ausgestaltung** von Konfirmandenstunden, -freizeiten u.a. ist eine weitere Möglichkeit, sie an die gottesdienstlichen Feiern der Gemeinde (die „schönen Gottesdienste") heranzuführen. Gitarre, Flöte, Rhythmusinstrumente u.a. sind auch für das gemeinsame Singen anregende Hilfsmittel.

3.6.4 Die bei Jugendlichen dieses Alters ausgeprägte Freude an körperlicher Bewegung kann bei Gesang, **Spiel und Tanz** berücksichtigt werden, aber auch für **Entspannung und Meditation** kann Musik hilfreich sein.

3.6.5 Für die **didaktische Verwendung** von Musik und Gesang wird empfohlen, bei der Musik anzuknüpfen, die die Konfirmanden kennen und mögen (Musikkassetten mitbringen lassen und besprechen, aufgreifen der in der Schule eingeübten Lieder). In den ersten Begegnungen in der Konfirmandenzeit sollte mit leichteren Liedern begonnen werden. Die Anschaffung **eines gemeinsamen Liederbuches** (z.B. „Mein Liederbuch für heute und morgen", tvd-Verlag, Düsseldorf) oder das Sammeln von Liedblättern läßt die Lieder zum Eigentum der Konfirmanden werden.

3.6.6 Ist der Leiter der Konfirmandenarbeit nicht in der Lage, selbständig Musik in die Arbeit einzubringen, so sollte er die **Mithilfe anderer oder technischer Hilfsmittel** in Anspruch nehmen, damit Singen und Musik nicht zu kurz kommen oder ganz entfallen.

3.7 Konfirmandenfreizeiten

3.7.1 Konfirmandenfreizeiten sind **ein wichtiger Bestandteil** der Konfirmandenarbeit (KABl 1989, Nr. 12). Sie bieten in besonderer Weise den Rahmen, in dem der Zusammenhang von Leben und Glauben in Arbeit und Feier für jeden einzelnen und in der Gemeinschaft erfahren werden kann.

3.7.2 Jeder Konfirmandenjahrgang sollte **mindestens eine Freizeit** erleben. Wünschenswert ist die Durchführung von zwei Freizeiten mit unterschiedlichen thematischen Schwerpunkten.

3.7.3 Die **Teilnahme** an den Konfirmandenfreizeiten ist für alle Konfirmanden **verpflichtend**. Sorgfältige Vorbereitung mit den Konfirmanden, den Mitarbeitern und in Elternabenden ist notwendig. Finanzielle Unterstützung seitens der Landeskirche und der Kirchengemeinde muß weiterhin ermöglicht werden.

3.7.4 Freizeiten erleichtern es, **altersgemäß Gottesdienste** zu feiern, die von den Konfirmanden mitgestaltet werden. Die Gemeinschaftssituation der Freizeit hilft zur behutsamen Einführung in traditionelle und alternative Gottesdienstformen.

3.7.5 Konfirmandenfreizeiten bieten eine besonders gute Möglichkeit zur Heranführung an das **Abendmahl** und zum gemeinsamen Feiern des Abendmahls.

3.8 Gesamtplanung und Dokumentation der Konfirmandenarbeit

Eine Gesamtplanung und Dokumentation ist notwendig zur Selbstkontrolle, zur Information von Kirchenvorstand und Eltern sowie zur Zusammenarbeit mit anderen Pfarrern, Vikaren, Praktikanten und Mitarbeitern. Die Dokumentation sollte im Pfarramt bleiben, Nachfolgern einen Einblick in die Entwicklung der Konfirmandenarbeit ermöglichen und für Konfirmationsjubiläen zur Verfügung stehen.

Ein Protokollheft „Konfirmandenarbeit" mit Formblättern für die Feststellung der Anwesenheit, für Protokollnotizen zu den Stunden, besonderen Gottesdiensten und Veranstaltungen mit dem Konfirmandenjahrgang kann bei der „Arbeitsstelle für Konfirmandenunterricht" in Kassel angefordert werden.

3.9 Einbeziehung von Mitarbeitern

3.9.1 **Konfirmandenarbeit ist Sache der Gemeinde.** Sie ist zwar Einübung der Jugendlichen in das Leben der Gemeinde und insofern eine Aufgabe der Konfirmanden. Zugleich aber übt sich die Gemeinde hier im Umgang mit ihren jungen Gliedern in der Weitergabe der Traditionen, Inhalte und Verhaltensweisen, die für Glauben und Leben der Gemeindeglieder bestimmend sind.

So begleitet die Gemeinde ihre Konfirmanden auf einem wichtigen Stück ihres Lebensweges, und zugleich geschieht so die „Erbauung" der Gemeinde (Eph 4, 11 ff.).

3.9.2 **Die Konfirmandenarbeit ist ein lohnendes und wichtiges Feld der Mitarbeit für Gemeindeglieder:**

- **Jugendliche** (frühere Konfirmanden; Mitglieder des Jugendkreises) sind Mittler zwischen Kinder- und Jugendarbeit. Sie überbrücken die Distanz zwischen den Generationen.
- **Konfirmandeneltern** haben eine besonders enge Beziehung zu den Konfirmanden in ihrer doppelten Funktion als Eltern und erwachsene Gemeindeglieder. Es ist freilich im Einzelfall zu prüfen, ob nicht gerade die Elternrolle hinderlich wirkt. Unter Umständen sind Eltern früherer oder späterer Konfirmandenjahrgänge besser als Mitarbeiter geeignet.
- Die **haupt- und ehrenamtlichen Mitarbeiter** in der Gemeinde können durch Mitarbeit ihren besonderen Sachverstand einbringen, so z.B. Mitglieder des Kirchenvorstandes, Mitarbeiter der Gemeindediakonie/Gemeindeschwestern, Gemeindepädagogen, Kirchenmusiker usw.

3.9.3 So **unterschiedlich** wie die Mitarbeiter in der Konfirmandenarbeit **ist die Art und Weise ihrer Mitarbeit:**

- einzelne themenorientierte Einheiten aus den Berufsfeldern der Mitarbeiter

- kontinuierliche Anwesenheit, Begleitung und Mitwirkung während eines ganzen Jahrgangs
- Begleitung bei Konfirmandenfreizeiten
- Vorbereitung und Erarbeitung von Gemeindefesten, besonderen Gottesdiensten, Durchführung von Praktika usw.
- Gespräche über Glauben, z.B. in Hausgruppen im Rahmen der Konfirmandenarbeit.

Das Ziel dieser Mitarbeit ist für die Konfirmanden: erlebte Gemeinde; für die Mitarbeiter: Praktizierung und damit intensivere Auseinandersetzung mit dem eigenen Glauben.

3.9.4 Die **Intensivierung der Mitarbeit** von Gemeindegliedern in der Konfirmandenarbeit wird für das gesamte Gemeindeleben ebenso Herausforderung wie Gewinn sein. Voraussetzung ist die Möglichkeit, diese Mitarbeit **einzuüben**. Die Pfarrer werden sich dieser Aufgabe nach Kräften annehmen. Sie brauchen dabei sachkundige Unterstützung.

Die „Arbeitsstelle für Konfirmandenunterricht" stellt dafür Arbeitsmaterialien zur Verfügung. Die Vermittlung solcher Materialien in die Situation vor Ort sollte eine der Aufgaben des Kirchenkreisbeauftragten für Konfirmandenarbeit sein (siehe 3.10.5).

3.9.5 Die Konfirmandenarbeit gehört grundsätzlich zum Aufgabenbereich des Pfarrers (KABl 1989, Nr. 12).

Für Pfarrer, die mit der Konfirmandenarbeit besondere Schwierigkeiten haben, muß jedoch nach **Entlastungsmöglichkeiten** durch Mitarbeiter aus der Gemeinde oder aus dem Kirchenkreis gesucht werden. Notfalls können sie auch Teile der Konfirmandenarbeit, insbesondere die Freizeiten, an Mitarbeiter abgeben.

3.10 Aus- und Fortbildung für die Konfirmandenarbeit

Zu ihrer Motivation und Befähigung sind die Pfarrer

sowie die haupt- und ehrenamtlichen Mitarbeiter angewiesen auf Aus- und Fortbildung.

3.10.1 **Aus- und Fortbildung von Pfarrern und hauptamtlichen Mitarbeitern**

Die **Ausbildung** zu pfarramtlichem, diakonischem, gemeindepädagogischem und kirchenmusikalischem Dienst berücksichtigt die altersspezifischen Bedürfnisse und Möglichkeiten der Zielgruppe Konfirmanden und die Erfordernisse der Konfirmandenarbeit.

Zu den **Fortbildungs**veranstaltungen auf Kirchenkreisebene sollten außer den Pfarrern auch die hauptamtlichen Mitarbeiter der Konfirmandenarbeit eingeladen werden.

3.10.2 **Ausbildung von ehrenamtlichen Mitarbeitern**

- Die Ausbildung ehrenamtlicher Mitarbeiter erfolgt auf Gemeindeebene vor allem in Form von gemeinsamen Vor- und Nachbesprechungen.
- Auf Regional- bzw. Kirchenkreisebene finden Veranstaltungen statt, die durch Hauptamtliche im pfarramtlichen, diakonischen, gemeindepädagogischen oder kirchenmusikalischen Dienst geleitet werden.
- Zusätzlich können sich Arbeitsgemeinschaften für Konfirmandenarbeit konstituieren.

3.10.3 **Formen der Fortbildung**

Fortbildung von haupt- und ehrenamtlichen Mitarbeitern geschieht - wo immer dies möglich ist - gemeinsam durch

- Vorbereitung und Durchführung von Veranstaltungen der Konfirmandenarbeit in der Gemeinde (learning by doing)
- Besuche bei Veranstaltungen der Konfirmandenarbeit in Nachbargemeinden
- Zusammenkünfte der Arbeitsgemeinschaften auf Gemeinde-, Regional- bzw. Kirchenkreisebene
- Fortbildungsveranstaltungen auf der Ebene der Landeskirche.

3.10.4 **Ausstattung der Mitarbeiter mit Arbeitshilfen**

Die Mitarbeiter in der Konfirmandenarbeit sollten auf Kosten der Gemeinde mit den nötigen Arbeitshilfen ausgestattet werden.

Auf die Arbeitshilfen der „Arbeitsstelle für Konfirmandenunterricht" in Kassel sowie auf ihre Beratung wird hingewiesen. Spezielle Materialsammlungen der Arbeitsstelle gibt es bisher auch in Bad Hersfeld, Fulda, Hanau, Korbach und Marburg.

3.10.5 **Unterstützung der Aus- und Fortbildung**

- Für die Aus- und Fortbildung steht die „Arbeitsstelle für Konfirmandenunterricht" mit Beratung, Begleitung sowie Veranstaltungen zur Verfügung.
- In jedem Kirchenkreis soll es einen **Beauftragten** für Konfirmandenarbeit geben. Er informiert und berät in Pfarrkonferenzen und einzelnen Gemeinden, hält den Kontakt zu dem Katechetischen Studienleiter sowie den Jugendarbeitern und beteiligt sich an der Abstimmung zwischen Religionsunterricht, Konfirmandenarbeit und Jugendarbeit (KABl 1989, Nr. 12).
- Gemeinde, Kirchenkreis und Landeskirche geben für Aus- und Fortbildung in der Konfirmandenarbeit organisatorische, finanzielle und personelle Hilfe.

3.11 **Ausstattung der Räume und der Konfirmandenarbeit**

Die Gemeinden sollen über ihren Haushalt die Konfirmandenarbeit organisatorisch und finanziell sicherstellen. Dazu gehört, daß Räume bereitgestellt werden, die auch für behinderte Menschen geeignet sind. Ihre Einrichtung und sonstige Nutzung muß auch neuere Arbeitsformen im Sinne ganzheitlichen Lernens zulassen. Die Konfirmanden sollen sich an der Ausgestaltung des Raumes beteiligen dürfen und sich dort wohlfühlen.

Ferner sind ausreichend Mittel vorzusehen für Arbeitsmaterialien, Medien und Bezuschussung von Konfirmandenfreizeiten, -tagen, Besuchsfahrten u.a.
Für die Fahrt zum und vom Ort der Konfirmandenarbeit haben grundsätzlich die Eltern zu sorgen und die Kosten zu tragen; je nach den Gegebenheiten kann die Kirchengemeinde sich daran beteiligen.

TEIL 4: Die Konfirmation

4.1 Kirchliche und gesellschaftliche Einordnung der Konfirmation

4.1.1 Übergang von der Kindheit zur Jugend

Der Übergang von der Kindheit zur Jugend ist eine der einschneidendsten Veränderungen im Leben des Menschen. Die Verarbeitung dieses Übergangs erfordert Begleitung und festliche Gestaltung. Dies ist eine Aufgabe der Kirche wie der Gesellschaft, insbesondere der Familie.

4.1.2 Kirchliche Einordnung der Konfirmation

In der Konfirmation gibt die Gemeinde ihrem seelsorgerlichen Geleit für die Konfirmanden, ihrer Fürbitte und dem Zuspruch des Segens öffentlich Ausdruck.

Die Konfirmierten übernehmen mit der Konfirmation Eigenverantwortung in der Kirche. Sie sind berechtigt, ein Patenamt anzunehmen und an Gemeindeversammlungen mit Stimmrecht teilzunehmen.

4.1.3 Gesellschaftliche Einordnung der Konfirmation

Die Verlängerung der Regelschulzeit über das Konfirmandenalter hinaus verdeckt die Tatsache, daß der Übergang von der Kindheit zur Jugend einen tiefen Einschnitt darstellt. Um so wichtiger ist es, dies durch ein Fest des Übergangs gesellschaftlich und familiär ins Bewußtsein zu rücken. Probleme ergeben sich jedoch dann, wenn dieser Übergang primär oder ausschließlich in einer Aufhebung von Verboten gesehen wird und nicht vor allem als eine Chance zur Wahrnehmung größerer Selbständigkeit und Verantwortung.

4.2 Konfirmation und Konfirmandenzeit

Die kirchliche Feier und das familiäre Fest der Konfirmation sind zwar ein Höhepunkt der Konfirmandenzeit, aber auch unabhängig von der Konfirmation hat die Konfirmandenarbeit Eigenwert und Eigenbedeutung als altersspezifische Begegnung mit dem christlichen Glauben. Umgekehrt läßt sich jedoch ein sachgemäßes Verständnis der Konfirmation nur gewinnen, wenn sie im engen Zusammenhang mit der Konfirmandenarbeit gesehen wird.

4.2.1 **Der Konfirmationstermin**

Der Termin der Konfirmation ist auf einen Sonntag zwischen Ostern und Pfingsten festgelegt (KABl 1967, Seite 44).

4.2.2 **Die Prüfung der Konfirmanden**

Die Prüfung der Konfirmanden sollte am Ende der Konfirmandenzeit unter Beteiligung von Kirchenvorstehern erfolgen und diesen im Rahmen einer Konfirmandenstunde am gewohnten Ort (Konfirmandenraum) und zur gewohnten Zeit Einblick in den Konfirmandenunterricht gewähren. Sie ist unbedingt zu unterscheiden vom Vorstellungsgottesdienst (siehe Agende III, Seite 42).

Vorbereitung und Durchführung der Prüfung sollten so gestaltet sein, daß die Konfirmanden dadurch nicht entmutigt werden.

Themen des Prüfungsgesprächs sollten die Inhalte des Unterrichts sein aber auch die Erfahrungen in Gottesdienst, Kirchengemeinde und im Miteinander der Konfirmandengruppe. Dabei können angeeignete Texte gemeinsam oder von Einzelnen gesprochen werden.

4.2.3 **Aufschub oder vorläufige Verweigerung der Konfirmation**

In Einzelfällen kann ein Aufschub oder auch eine vorläufige Verweigerung der Konfirmation anstehen, wenn die vereinbarten Regelungen für die Konfirmandenarbeit erheblich verletzt wurden. Nach Gesprächen mit den betreffenden Konfirmanden und Eltern sollte die Entscheidung darüber im Sinne der Seelsorge durch den Pfarrer in Absprache mit dem Kirchenvorstand

getroffen werden. Bei Einsprüchen trifft der Kirchenkreisvorstand die endgültige Entscheidung.
Es wäre gut, wenn im Rahmen der kirchlichen Jugendarbeit Angebote entwickelt werden könnten, durch die nichtkonfirmierte Jugendliche nachträglich zur Konfirmation geführt werden.

4.3 Die Konfirmation im Zusammenhang der gottesdienstlichen Feiern

Der Konfirmationsgottesdienst ist zwar der öffentliche Höhepunkt der Konfirmandenzeit und des Konfirmationstages, aber er ist kein Einzelakt, sondern gehört in eine ganze Reihe von gottesdienstlichen Feiern, die diese Zeit begleiten und umrahmen.
Die Konfirmation besteht aus dem Vorstellungsgottesdienst, dem Konfirmationsgottesdienst und dem Konfirmationsabendmahl. Wo es üblich ist, können Gemeindebeichte und Schlußandacht (Dankandacht) hinzutreten (siehe Agende III, Seite IX). Im weiteren Sinne gehören hinzu ein Gottesdienst zu Beginn der Konfirmandenzeit, gottesdienstliche Elemente und Feiern in der Konfirmandengruppe und die Teilnahme am Abendmahl während der Konfirmandenzeit.

4.3.1 Gottesdienst zu Beginn der Konfirmandenzeit

Eine besondere Begrüßung der neuen Konfirmanden zu Beginn ihrer Konfirmandenzeit in einem entsprechend gestalteten Gemeindegottesdienst, in dem sie in das gottesdienstliche Leben der Gemeinde eingeführt werden, ist eine geeignete Form, sie der Gemeinde bekannt zu machen und willkommen zu heißen. So kann deutlich werden, daß die Gemeinde sie während der Konfirmandenzeit in besonderer Weise mit ihrer Fürbitte begleitet.

4.3.2 Gottesdienstliche Feiern und Elemente in der Konfirmandengruppe

Gottesdienstliche Elemente und Feiern in Konfirmandenstunden, besonders aber in Konfirmandenfreizeiten und -tagen werden den Sinn des Gottesdienstes und seiner einzelnen Teile sowie seine traditionellen und alternativen Formen erschließen helfen (siehe auch 3.5.7).

4.3.3 **Abendmahl während der Konfirmandenzeit**

Die Konfirmanden können nach ausreichender Unterweisung im evangelischen Verständnis des Abendmahls in dem der Konfirmation vorangehenden Jahr am Abendmahl teilnehmen, wenn der Kirchenvorstand zugestimmt hat (KABl 1989, Nr. 12).

Abendmahlsfeiern in einer den Konfirmanden entsprechenden Form im Rahmen der Konfirmandenarbeit, besonders auf Freizeiten, bieten den Konfirmanden meist einen besseren Zugang zum Sinngehalt und zur Gemeinschaft des Abendmahls als die Abendmahlsgottesdienste der Gemeinde. Auch können dabei die Erfahrungen mit dem Abendmahl leichter in der Gruppe aufgenommen, mit Fragen des Zusammenlebens in Verbindung gebracht, geklärt und weitergeführt werden.

Neben Abendmahlsfeiern in der Konfirmandengruppe ist auch die Teilnahme der Konfirmanden mit ihren Eltern an Abendmahlsgottesdiensten der Gemeinde wichtig (KABl 1989, Nr. 12).

Die Gemeinde soll nach ihren Möglichkeiten überzeugende Erfahrungen aus den Abendmahlsfeiern in den Konfirmandengruppen bei der Gestaltung des Gemeindeabendmahls aufnehmen.

4.3.4 **Der Vorstellungsgottesdienst**

Der Vorstellungsgottesdienst ist ein von den Konfirmanden vorbereiteter und gestalteter Gottesdienst. Die Konfirmanden teilen der Gemeinde mit, wie sie Christsein, Glauben, Kirche und Gottesdienst verstehen und was sie an Erkenntnissen, Erfahrungen und Anfragen ins Gespräch einzubringen haben. Die Gestaltung wird

die in der Konfirmandenarbeit eingeübten gottesdienstlichen Elemente und Formen aufnehmen. Kirchenvorsteher sollen mitbeteiligt, Eltern und Gemeinde einbezogen werden.
Die Gestaltung dieses Gottesdienstes stellt große Anforderungen an die Konfirmanden. Er hat aber nicht den Sinn einer Prüfung der Konfirmanden (siehe Agende III, Seite 42).
An den Vorstellungsgottesdienst kann sich eine kleine Bewirtung der Konfirmanden durch die Gemeinde anschließen.

4.3.5 **Das Konfirmationsabendmahl**

Das Konfirmationsabendmahl kann im Konfirmationsgottesdienst oder am Vorabend des Konfirmationstages stattfinden. Es kann aber auch an einem der anderen Sonn- und Feiertage in zeitlicher Nähe zum Konfirmationstag gefeiert werden. Wird es im Konfirmationsgottesdienst oder am Vorabend des Konfirmationstages gefeiert, können auswärtige Paten, Angehörige und Freunde leichter teilnehmen. Die besondere Feier des Abendmahls- oder des Beichtgottesdienstes (Vorbereitung) außerhalb des Konfirmationsgottesdienstes entlastet diesen spürbar.
Es ist gut, wenn bei der Gestaltung dieses Abendmahlsgottesdienstes und bei der Austeilung Mitarbeiter der Konfirmandenarbeit mitwirken. Die Konfirmanden werden das Abendmahl entweder als geschlossene Gruppe zuerst empfangen oder zusammen mit ihren Familien. Wenn sie es zuerst empfangen, können auch sie an der Austeilung von Brot und Wein/Traubensaft an ihre Familien und die übrige Gemeinde beteiligt werden, falls die Form der Austeilung und die vorhandenen Geräte das zulassen.

4.3.6 **Schlußandacht (Dankandacht)**

Siehe 4.5.4.

4.4 **Der Konfirmationsgottesdienst**

4.4.1 **Die Ordnung des Konfirmationsgottesdienstes**

Die Ordnung des Konfirmationsgottesdienstes in Agende III ist in zwei unterschiedlichen Formen durch Kirchengesetz vom 4. Mai 1972 (KABl 1972, Seite 124 ff.) beschlossen. Der Kirchenvorstand entscheidet, welche der beiden Formen in der Gemeinde verwandt wird.

Als das Besondere dieses Gottesdienstes tritt in beiden Formen hervor:

- die Einsegnung der Konfirmanden und Fürbitte für sie
- das Bekenntnis der Konfirmanden
- die Einladung an die Konfirmierten zur weiteren Teilnahme und Mitarbeit.

4.4.1.1 **Einsegnung und Fürbitte**

Zur Einsegnung mit Handauflegung sehen beide Formen des Konfirmationsgottesdienstes der Agende verschiedene Voten vor.

Es kann für jeden einzelnen Konfirmanden ein **Denkspruch** ausgesucht und bei der Einsegnung gesagt werden. Ein Bibelwort als Denkspruch, das die Konfirmierten auf ihrem Lebensweg begleitet, kann besondere Bedeutung haben. Die persönliche Aneignung des Denkspruches wird leichter möglich sein, wenn die Konfirmanden selbst an der Auswahl beteiligt sind. Wenn einzelne Gruppen von Konfirmanden einen gemeinsamen Spruch auswählen, hat das den Vorteil, daß man den Sinn dieser Worte vorher in einer Konfirmandenstunde erschließen kann. Auch die Wiederholung des Taufspruches bietet sich als Möglichkeit an. Sie unterstreicht den begleitenden Charakter des Bibelwortes.

4.4.1.2 **Das Bekenntnis der Konfirmanden**

Das öffentliche Einstimmen der Konfirmanden in das

Bekenntnis der Gemeinde ist ein wesentliches Element der Konfirmation. Dazu werden sie besonders aufgefordert. Die Ordnung des Konfirmationsgottesdienstes in unserer Agende bietet dafür verschiedene Möglichkeiten an.

Die Erste Form enthält drei Möglichkeiten der **Anrede**, zwei davon mit dazugehörenden Fragen und den jeweiligen Antworten der Konfirmanden:

- Liebe Konfirmanden, wir haben darüber gesprochen, was Gott uns durch die Taufe und sein Wort zugesagt hat und was er von uns erwartet. Ihr habt gehört, daß ihr berufen seid, Jesus Christus nachzufolgen und mit der Kirche zu leben.

  Ich frage euch: Seid ihr dazu bereit?

  Konfirmanden: Ja, wir sind bereit.
- Liebe Konfirmanden, ihr habt in der Unterweisung gehört, daß Gottes Liebe uns durch die heilige Taufe in der Gemeinschaft seiner Kinder bestätigt, daß Gottes Geist uns durch den Glauben mit Jesus Christus verbindet und daß er uns eine Hoffnung gibt, die auch der Tod nicht zerstört.

  So frage ich euch: Wißt ihr, daß ihr auf den Weg des Glaubens, der Liebe und der Hoffnung gerufen seid?
  Konfirmanden: Ja, wir wissen es.

  (Wollt ihr, daß wir für euch beten?

  Konfirmanden: Ja, betet für uns.)
- Liebe Konfirmanden, wir haben darüber gesprochen, was Gott uns durch die Taufe und sein Wort zugesagt hat und was er von uns erwartet. Ihr habt gehört, daß ihr berufen seid, Christus nachzufolgen und mit der Kirche zu leben.

Die Zweite Form fordert die Konfirmanden zusammen mit der Gemeinde zum Bekenntnis auf:

Uns verbindet der Glaube, der uns allen zugetraut ist. Mit den Worten, die die Kirche in alter Zeit als

Bekenntnis dieses Glaubens gefunden hat, sprechen wir das gemeinsam aus.
Ich glaube an Gott, den Vater, den Allmächtigen, den Schöpfer . . ..
Hieran kann sich eine von den Konfirmanden erarbeitete Interpretation des Apostolischen Glaubensbekenntnisses anschließen.

Das Problem liegt darin: Einerseits soll zum Ausdruck kommen, daß zum Christsein das Einstimmen in das Bekenntnis der Kirche als eigene Lebensäußerung hinzugehört. Andererseits ist aber von einem ganzen Jahrgang 13/14jähriger in der Volkskirche kaum zu erwarten, daß jeder das ehrlich bejahen kann. Die Gefahr eines konformistischen Lippenbekenntnisses liegt nahe. Deshalb wird es sich empfehlen, die Möglichkeiten des Bekennens, die in unserer Agende mit den verschiedenen Formen der Anrede angeboten werden, mit jeder Gruppe der Konfirmanden sorgfältig zu besprechen und dann die für sie angemessene Form des Bekennens gemeinsam auszuwählen.

Auch die Konfirmanden bedürfen der Fürbitte und des segnenden Zuspruchs, die sich noch nicht über ihre persönliche Antwort klar sind.

4.4.1.3 **Einladung an die Konfirmierten zur weiteren Teilnahme und Mitarbeit**

Diese Einladung geschieht öffentlich in der Anrede an die Konfirmierten. Beide Formen des Konfirmationsgottesdienstes in unserer Agende sehen diese Einladung vor. Diese Anrede sollte möglichst ein Kirchenvorsteher oder ein anderer Mitarbeiter der Gemeinde vortragen.

4.4.2 **Gestaltung des Konfirmationsgottesdienstes**

4.4.2.1 **Mitwirkung der Konfirmanden**

Die Konfirmanden sollten nach Möglichkeit an der Gestaltung ihres Konfirmationsgottesdienstes beteiligt werden (siehe Agende III, Seite 47). Die Zweite Form sieht dafür ausdrücklich zwei Stellen vor:

- **Worte der Konfirmanden** an Stelle des Eingangspsalms, z.B. über ihre Erfahrungen in der Konfirmandenzeit, ihre Erwartungen an die Gemeinde, ihre Bitten um Verständnis und Begleitung, auf die die Gemeinde mit Kyrie-Versen antworten kann
- **Sätze eigenen Bekennens** im Anschluß an das Glaubensbekenntnis der Gemeinde.

Die Konfirmanden sollten auch ihnen vertraute **neue geistliche Lieder** in den Gottesdienst einbringen, besonders ihr „Konfirmationslied“.

4.4.2.2 **Mitwirkung von Kirchenvorstehern, Mitarbeitern, Eltern u.a.**

Ihr Mitwirken sieht unsere Agende ausdrücklich vor. Sie können Teile des Gottesdienstes übernehmen, z.B. die Schriftlesung, das Verlesen der Denksprüche, die Anrede an die Konfirmierten, Fürbitten u.a. Besonders sinnvoll ist dies Mitwirken durch Mitarbeiter der Konfirmandenarbeit. Jugendliche (Schulchor, Instrumentalgruppe u.a.) können an der musikalischen Gestaltung beteiligt werden. In jedem Fall sollte der Gottesdienst den Konfirmanden gemäß sein und einen festlichen Charakter tragen.

4.4.2.3 **Konfirmationsgottesdienst und Gemeinde**

Der Konfirmationsgottesdienst ist Gemeindegottesdienst.

Einerseits wird er in Gestaltung und Predigt als Konfirmationsgottesdienst seine eigene Prägung haben, die Konfirmanden einbeziehen und sie, ihre Familien und Paten in dieser Situation besonders ansprechen.

Andererseits soll die ganze Gemeinde auch zu diesem Gottesdienst eingeladen, mit ihrer Gottesdiensterwartung berücksichtigt und auf ihre Mitverantwortung angesprochen werden.

4.4.3 **Sonstiges zur Konfirmation**

4.4.3.1 Den Konfirmanden wird bei der Konfirmation ein **Gedenkschein** mit den Daten und dem Denkspruch übergeben. In manchen Gemeinden sind zusätzlich Erinnerungszeichen (z.B. ein Kreuz) üblich.

4.4.3.2 Zunehmend wird die Bitte geäußert, den Vollzug des Gottesdienstes auf **Tonkassetten, Filmen oder Video** festzuhalten.

Dazu ist auf die Richtlinien des Landeskirchenamts (KABl 1974, Seite 115) zu verweisen, die Tonaufnahmen bei Zustimmung des Kirchenvorstandes erlauben, Bildaufnahmen in der Kirche dagegen außer in besonderen Fällen kirchlichen Interesses auf die Zeit vor und nach dem Gottesdienst beschränken.

4.4.3.3 In vielen Gemeinden ist es üblich, außer den Gottesdienstkollekten noch um eine besondere **Konfirmationsspende** für kirchliche oder diakonische Aufgaben oder Projekte der kirchlichen Entwicklungshilfe zu bitten. Das kann als Spende der Eltern, als Sammlung bei der familiären Feier oder als Spende der Konfirmanden selbst geschehen.

4.5 Die familiäre Konfirmationsfeier

4.5.1 Das Gemeinsame und das Spezifische der Konfirmationsfeier in Kirche und Familie

kirchlich-gottesdienstlich	**familiär-gesellschaftlich**
Bestätigung der Annahme durch Gott in der Taufe (Einsegnung) und Gemeinschaft im Bekenntnis und Abendmahl – zu Beginn der selbstverantworteten Kirchenzugehörigkeit (Religionsmündigkeit)	Annahme und Zuwendung durch Familie und Gesellschaft (Nachbarschaft), Erfahrung ihrer bergenden, anteilnehmenden, begleitenden Gemeinschaft – angesichts zunehmender Auseinandersetzungen um Ablösung und Eigenständigkeit

kirchlich-gottesdienstlich	**familiär-gesellschaftlich**
Glauben als eigene Lebensmöglichkeit entdekken, ausdrücken und gestalten können (Vorstellungsgottesdienst, eigene Worte der Konfirmanden im Konfirmationsgottesdienst, persönlicher Denkspruch, Fürbitten)	Akzeptiertwerden im eigenen Stil (Kleidung und Frisur, Interessen, Musik, selbstgewählte Freundschaften), Darstellung und Berücksichtigung dieses Stils in der Gestaltung der familiären Feier
Mitverantwortung und Mitwirkung in der Gestaltung der Konfirmandenarbeit und der Gottesdienste, Einladung zur Mitverantwortung in der Gemeinde (Anrede an die Konfirmierten).	Übernahme von Gastgeberfunktionen und eigene Beiträge zur Gestaltung der familiären Feier, Danksagungen, Akzeptieren des neuen Status eines Jugendlichen.

4.5.2 **Entwicklungen, Probleme, Zwänge und Defizite:**

- Unsere Wohlstands-Situation fördert **Maßlosigkeit.**
- Weit über die Familie hinausgehende **Verpflichtung,** Personen einzuladen und bei Gegengeschenken zu berücksichtigen, die selbst einmal eingeladen und geschenkt haben, bis in berufliche und gesellschaftliche Verpflichtungen hinein; in dörflich-kleinstädtischen Gemeinden meist stärker als in großstädtischen.
- **Aufwand** der Feier und Zahl der Gäste bestimmen oft das gesellschaftliche **Prestige** der Familie in ihrem sozialen Umfeld.
- **Alleinerziehende** Elternteile und Familien **Arbeitsloser** haben besonders unter den gesellschaftlichen Ansprüchen und aufwendigen Verpflichtungen zu leiden.
- **Streckung des Festes** bis weit in die Woche hinein:

Wer gratuliert hat, wird zum Kaffee eingeladen, nimmt Kuchen mit oder bekommt ihn gebracht (in dörflichen Gemeinden).

- Die Ausweitung der Gästezahl macht das Ausweichen aus der eigenen kleinen Wohnung in **Gaststätten oder Gemeinschaftshäuser** nötig. Folge: Wettstreit um die Gaststätten bis weit in die Region hinein, Vorbestellung bis anderthalb Jahre im voraus.
- Erhebliche **Defizite der Gestaltungs-Tradition** für Feste durch den Konsum von organisierten Feiern. Die Vorbereitung beschränkt sich deshalb weitgehend auf Essen, Trinken und Dekoration. An inhaltliche Programmgestaltung wird kaum gedacht.
- **Defizit an kirchlichen Impulsen** für die Gestaltung von Feiern: Außer streng gottesdienstlichen und Andachts-Formen wird noch zu wenig kommunikative Gestaltung (wie etwa auf Kirchentagen) beispielgebend entwickelt und eingeübt.

4.5.3 Einige Lösungsvorschläge, Hinweise und Strategien

Alternativlösungen können nur geduldig und langfristig mit Gruppen von Familien entwickelt, beispielhaft realisiert und dann in die Gemeinde hinein verbreitert werden:

- Erfahrungsberichte und **Eindrücke Konfirmierter** über den Ablauf ihrer Konfirmationsfeier sammeln, auswerten, bei Konfirmanden und Eltern einbringen.
- Gestaltungs-**Vorstellungen der Konfirmanden** für ihre Feier rechtzeitig sammeln, auf ihre Sinnhaftigkeit und Realisierbarkeit hin durchdenken.
- Die Vorschläge der Konfirmanden rechtzeitig in die **Elternarbeit** einbringen und mit den Eltern daran weiterarbeiten.
- Den Vorschlag, mit interessierten Familien eine **gemeinsame Feier** mit einfachem Essen ganz oder teilweise im Gemeindehaus durchzuführen, schon im Zusammenhang mit der Anmeldung der Konfirman-

den einbringen, damit ihm nachher keine verbindlichen Lokalbuchungen und sonstige Absprachen entgegenstehen.

- Beispielhaft die Konfirmanden und Eltern gut gestaltete **Feste und Feiern erleben lassen**, weitere mit ihnen zusammen für Freizeiten, Elternwochenenden, Gemeindefeste u.a. entwickeln, vorbereiten und durchführen.
- In Konfirmanden-, Eltern- und Großelterngruppen **einüben, wie man gute Wünsche** füreinander formuliert und graphisch gestaltet, wie man Erfahrungen aus der eigenen Lebensgeschichte erzählt.
- Rechtzeitig die gesammelten **Gestaltungs-Vorschläge** an alle Konfirmationsfamilien weitergeben, z.B. Bilddokumentationen zur Entwicklung des Konfirmanden, von ihm vorher genehmigt; Ausstellung seiner Hobby-Ergebnisse; die Gäste bringen Blätter mit guten Wünschen für ihren Konfirmanden (etwa zu seinem Denkspruch) mit, die vorgelesen und in ein Heft zusammengefaßt werden; die Gäste bringen ihre eigenen Konfirmationsbilder mit als Hilfe zum Erzählen; Vorschläge für geeignete Gruppenspiele; usw.

4.5.4 Schlußandacht (Dankandacht)

Ein gemeinsamer Abschluß, zu dem die Kirchengemeinde am Abend des Konfirmationstages oder am Ende der Woche einlädt, kann den Familien helfen, den Konfirmationstag bzw. das Fest mit den Jugendlichen gemeinsam in Form eines Abendgebetes oder einer Abendandacht zu beschließen.

TEIL 5: Konfirmandenarbeit als Teil des Gemeindelebens

(Vgl. 1.3.2 und 3.9)

In den gottesdienstlichen Angeboten ihrer Gemeinde, in der Kinder- und Jugendarbeit, im diakonischen Handeln und in anderen Formen der Gemeindearbeit begegnen die Konfirmanden kirchlicher Wirklichkeit. Sie erleben engagierte Mitarbeiter und Kirchenvorsteher, sie treffen aber auch auf Menschen, die distanziert sind und Schwierigkeiten mit dem Glauben und aktiver Teilnahme am Gemeindeleben haben. So können Konfirmanden ihre Gemeinde als Lebensraum entdecken.

5.1 Konfirmanden im Gottesdienst

Grundsätzlich gehört der regelmäßige Gottesdienstbesuch der Konfirmanden als ein Teil der Konfirmandenarbeit zu den Konfirmandenstunden dazu. Die Konfirmanden sollen den Gottesdienst als sonn- und feiertägliche Versammlung von Gemeinde kennenlernen, seine Stärkungen und Schwächen erfahren und die regelmäßige Beteiligung während der Konfirmandenzeit einüben, damit sie über Fragen des Gottesdienstes mitreden können und eine Erfahrungsgrundlage für ihre späteren Entscheidungen haben.

Die erwartete Regelmäßigkeit wird im Einvernehmen mit dem Kirchenvorstand bestimmt.

5.1.1 Die Teilnahme der Konfirmanden an den Gottesdiensten der Gemeinde

5.1.1.1 Begegnung mit Gottesdienst in der Konfirmandenzeit

Da der Kindergottesdienst von vielen Kindern nicht mehr regelmäßig besucht wird, kommt es oft erst in der Konfirmandenzeit zu einer intensiveren Begegnung mit dem Gottesdienst der Kirche.

Vielen Konfirmanden ist der Gedanke fremd, vor allem aber die Erfahrung schwer zugänglich, daß im Gottesdienst die Gemeinschaft der Kirche Jesu Christi unter Wort und Sakrament ihren zentralen Ort hat, von dem her sie lebt.

5.1.1.2 **Was die Teilnahme der Konfirmanden erschwert**

Zu dieser Fremdheit des Gottesdienstes tragen Faktoren bei, die teilweise im Umfeld des Gottesdienstes, teilweise in ihm selbst liegen:

- Zunehmende schulische Belastungen und außerschulische Aktivitäten, die mit dem Gottesdienst konkurrieren
- eine Gottesdienstzeit, die mit Freizeitinteressen kollidiert, verändertes Freizeitverhalten am Wochenende, das den Gottesdienstbesuch in den Bereich des Privaten rückt
- die Einflüsse anderer, z.B. das Fernbleiben von Eltern oder Jugendlichen
- die abnehmende Fähigkeit, konzentriert zuhören zu können, eine Veränderung der Aufnahmegewohnheiten vom Hören zum Sehen, vom Gedanklichen zum Erleben hin
- der Gottesdienst wird selten als Kontaktfeld der Gemeinde erlebt, zumal die große Mehrheit der Gemeindeglieder und auch der Eltern sich zwar der Kirche verbunden fühlt, am Gottesdienst aber nur selten teilnimmt
- Lieder, die für die Jugendlichen ungewohnt und ihrem Empfinden fremd, Predigten, die schwer verständlich, unanschaulich und zu wenig zugewandt sind
- eine Sitzordnung, die die Konfirmanden isoliert und alle Blicke auf sie lenkt.

5.1.1.3 **Für und gegen Stützungsmaßnahmen**

Konfirmanden, die auch schon am Kindergottesdienst teilgenommen haben und von ihren Eltern begleitet werden, besuchen den Gottesdienst häufiger als andere. Viele müssen durch Eltern, Pfarrer oder Mitarbeiter zum Gottesdienstbesuch angehalten werden. Kaum ein Konfirmand kommt ohne diese Unterstützung aus.

Gegen Maßnahmen, die den Besuch des Gottesdienstes durch Anwesenheitskarten oder -listen feststellen wollen, spricht:

Der Gottesdienst darf sich auf keinen Fall als Zwangsveranstaltung dem Bewußtsein der Konfirmanden einprägen, weil ihnen dadurch auf Dauer der Zugang zum Gottesdienst erschwert werden könnte.

Für Maßnahmen, die den Gottesdienstbesuch der Konfirmanden unterstützen, spricht:

Die Feststellung der Anwesenheit durch Karten oder Listen kann den Konfirmanden helfen, in einen regelmäßigen Gottesdienstbesuch hineinzufinden.

Für beide Haltungen ist es nötig, den Besuch durch einen ansprechenden, konfirmandenfreundlichen Gottesdienst zu fördern und die mit dem Gottesdienst gemachten Erfahrungen in den Konfirmandenstunden aufzunehmen und zu verarbeiten.

5.1.1.4 **Zugang für Konfirmanden zum Gottesdienst**

In der Konfirmandenzeit ist es besonders wichtig, den Konfirmanden den Zugang zum Gottesdienst zu ermöglichen, indem der Sinn des Gottesdienstes erschlossen, seine Feier miterlebbar und sein Besuch liebgemacht wird. Das kann durch unterschiedliche Gottesdienstformen, durch die Art der Gestaltung und durch die Möglichkeit des Mitwirkens geschehen. Gottesdienste, die die Beteiligung der ganzen Gemeinde ermöglichen, z.B. Familiengottesdienste, sind dafür besonders geeignet.

5.1.2 **Mitwirkung von Konfirmanden im gewohnten Gottesdienst der Gemeinde**

5.1.2.1 Die Konfirmanden sollen an der **Vorbereitung und Gestaltung von Gottesdiensten** beteiligt werden. Dazu bieten sich folgende Möglichkeiten an:

- **Gebete**, die von den Konfirmanden formuliert sind (zum Bittruf, zum Lobpreis, Fürbitten), werden aufgenommen. Das wird leichter sein, wenn in den Konfirmandenstunden Gebete und andere gottesdienstliche Elemente verwandt und eingeübt werden.

- Die Konfirmanden sprechen den **Psalm** im Wechsel mit dem Pfarrer oder der Gemeinde.
- Konfirmanden und andere Gemeindeglieder übernehmen **Lesungen**.
- Die Konfirmandengruppe bringt neue geistliche **Lieder** in den Gottesdienst der Gemeinde ein.
- In der Konfirmandenarbeit entstandene **Bilder, Szenen und Anspiele** können die Vielfalt der in der Gemeinde vorhandenen Gaben zum Ausdruck bringen und den Gottesdienst für alle Altersgruppen lebendig machen.
- Die Konfirmanden können, z.B. an Konfirmandentagen, **an der Predigtvorbereitung** mitwirken. Dies wird es ihnen erleichtern, Predigten zu hören und aufzunehmen und vom Glauben zu reden.

5.1.2.2 Die Konfirmanden übernehmen **Aufgaben des Küsterdienstes** (Schmücken des Altars, Läuten, Einsammeln der Spenden, Kerzen anzünden) und lernen so Verantwortung zu übernehmen für den Raum und den Ablauf des Gottesdienstes.

5.1.2.3 Die Konfirmanden erfüllen **diakonische Aufgaben**, z.B. durch das Aufnehmen des Gottesdienstes auf Kassetten, die sie zu alten oder kranken Gemeindegliedern bringen.

5.1.2.4 **Gottesdienstnachgespräche** in der Konfirmandengruppe können den Zugang zu Gottesdienst und Predigt fördern.

5.1.2.5 Die Mitwirkung von Konfirmanden bei **Familiengottesdiensten** hat sich vielerorts bewährt.

5.1.3 Besondere Gottesdienste mit und von Konfirmanden

Mehrmals im Jahr können Gottesdienste der Gemeinde in freier Form von Konfirmanden gestaltet oder mitgestaltet werden. Die Konfirmanden geben in solchen

Gottesdiensten Anteil an ihren Wünschen, ihren Hoffnungen und Ängsten, an ihrem Nachdenken und ihren Erfahrungen, an ihrem Glauben und ihren Fragen.
Der Ablauf dieser Gottesdienste wird durch die Beiträge der Konfirmanden, ihre Äußerungen, Lieder und andere Gestaltungselemente lebendig sein. Diese Gottesdienste richten sich an die ganze Gemeinde, die Eltern sind besonders eingeladen.
Zu diesen Gottesdiensten gehört auch der Vorstellungsgottesdienst, der von den Konfirmanden gemeinsam mit dem Pfarrer gestaltet wird.

5.1.4 Gottesdienste für Konfirmanden

Während der Konfirmandenzeit sollten immer wieder Gottesdienste für Konfirmanden stattfinden, zu besonderen Zeiten, in freier Form, mit vielfältigen Medien, die den Konfirmanden einen altersgemäßen und erfahrungsbezogenen Zugang zum Gottesdienst ermöglichen. Die Voraussetzung für die Gestaltung ansprechender Konfirmandengottesdienste ist ein Mitarbeiterkreis. Er bietet zugleich für Konfirmanden und Konfirmierte eine Möglichkeit intensiver Mitarbeit in der Gemeinde.

5.2 Konfirmandenzeit zwischen kirchlicher Kinder- und Jugendarbeit

Die Konfirmandenarbeit steht zwischen kirchlicher Kinder- und Jugendarbeit. Der Übergang von der Konfirmandenarbeit in die Jugendarbeit gelingt erfahrungsgemäß dort besser, wo die Konfirmanden schon positive Erfahrungen mit kirchlicher Kinderarbeit mitbringen (Kindergottesdienst, Kinderstunde, Kinderbibelwoche, Abendmahlsfeiern mit Kindern, Jungschar usw.). Die Begleitung der Eltern und Kinder von der Taufe an ist deshalb außerordentlich wichtig.
Die Konfirmandenzeit eignet sich besonders dafür, den Konfirmanden die Teilnahme an kirchlicher Jugendar-

beit zu eröffnen und ihnen damit die Möglichkeit zu gemeindlichem Engagement nach der Konfirmation zu bieten. Das gilt auch dann, wenn die Konfirmanden keine Erfahrungen aus kirchlicher Kinderarbeit mitbringen.

5.2.1 **Herkömmlich schließt sich die Jugendarbeit an die Konfirmandenarbeit an**, häufig in personeller und inhaltlicher Abgrenzung zur Konfirmandenarbeit. Eine Verknüpfung von Jugendarbeit und Konfirmandenarbeit geschieht meist nur durch die Information über die angebotenen Möglichkeiten oder Werbung für bestehende Kreise.

Problematisch an diesem Modell ist die fehlende Kontinuität, aufgrund derer zwischen Konfirmandenarbeit und Jugendarbeit ein Einschnitt entsteht.

5.2.2 Deshalb ist eine **Verbindung von Konfirmanden- und Jugendarbeit in der Konfirmandenzeit** anzustreben. Sie trägt dazu bei, daß die Konfirmanden ihren Platz in der Gemeinde finden und Jugendgruppen als geeignete Lebensform entdecken können. So wird das Interesse der Jugendlichen an Gruppenerfahrung und Orientierung aufgenommen:

- Jugendliche können an Jugendclubs teilnehmen, die parallel zur Konfirmandenarbeit angeboten und durch jugendliche Mitarbeiter begleitet werden.
- Mitarbeiter, die in der Jugendarbeit tätig sind, können durch ihre Mitwirkung während der Konfirmandenzeit eine Verknüpfung von Konfirmandenarbeit und Jugendarbeit schaffen.

5.2.3 Es ist auch sinnvoll, in die Konfirmandenarbeit **Elemente der Jugendarbeit** aufzunehmen:

- durch Beteiligung haupt- und ehrenamtlicher Jugendarbeiter in der Konfirmandenzeit
- durch intensive Förderung der Gruppenprozesse
- durch Vorbereitung von Jugendgottesdiensten usw.

5.2.4 Die Gemeinden sollen nach Möglichkeiten suchen, **Jugendliche aktiv am Gemeindeleben zu beteiligen** (z.B. in Musikgruppen und Posaunenchören, im Kindergottesdiensthelferkreis, in gemeindlichen Projektgruppen oder als jugendliche Mitarbeiter in der Konfirmandenarbeit).

5.3 **Diakonische Erfahrungen in der Konfirmandenzeit**

Die Konfirmanden erleben Gemeinde als einen Bereich, zu dem junge und alte, gesunde und kranke, behinderte und nichtbehinderte Menschen sowie Randgruppen unserer Gesellschaft gehören (z.B. Gefährdete und Arbeitslose). Sie sollen lernen, daß der Dienst am Nächsten, Schwachen und Benachteiligten zu den Lebensäußerungen der Gemeinde gehört. Diakonie ist ein konstitutives Element der christlichen Gemeinde. Die Konfirmandenzeit bietet Möglichkeiten zu diakonischem Lernen, z.B. in Form eines Praktikums, das die Chance zu einem Lernen durch Tun gibt. Dabei können die Konfirmanden grundlegende, motivierende Erfahrungen mit helfendem Handeln machen:

- in Kindergärten und Kindertagesstätten
- in der Gemeindekranken- und Altenpflege
- in Babysitterdiensten
- in kurzfristigen „freiwilligen sozialen Diensten“
- in der Vorbereitung und Durchführung von Aktionen („Brot für die Welt“, Ausbildungshilfe junger Christen, Diakonietage)
- in der Begegnung mit Menschen, die in diakonischen Einrichtungen leben
- bei der Vorbereitung und Gestaltung diakonischer Gottesdienste.

5.4 **Konfirmandenarbeit und Elternarbeit**

5.4.1 Zur Konfirmandenarbeit gehört die **Einbeziehung der Eltern/Erziehungsberechtigten**. Sie will sie zur Begleitung ihrer Kinder anregen, das Gespräch über Glauben und Leben zwischen den Generationen fördern und die Erfahrungen der eigenen Konfirmandenzeit bei den Eltern aufnehmen und weiterführen.

5.4.2 Allerdings bereitet die Einbeziehung der Eltern/Erziehungsberechtigten häufig **Schwierigkeiten**:

- Viele Eltern zeigen wenig Interesse an Fragen der Konfirmandenarbeit
- die meisten von ihnen begleiten ihre Kinder kaum zum Gottesdienst
- viele fühlen sich nicht kompetent genug, mit ihren Kindern über Inhalte der Konfirmandenarbeit zu sprechen,und beschränken sich darauf, ihre Kinder zu „schicken".

Bei Bemühungen, Eltern an der Konfirmandenarbeit zu beteiligen (Mitfahren auf Freizeiten, gemeinsame Wochenenden u.a.) ist **zu berücksichtigen**, daß die Ablösung von den Eltern ein wichtiges Moment im Entwicklungsprozeß ihrer Kinder ist. Es ist zu beobachten, daß Konfirmanden in der Gruppe der Gleichaltrigen ein mehr jugendliches Verhalten einüben und dann irritiert sind, wenn ihre Eltern dazukommen und sie gewohnheitsgemäß noch wie Kinder ansprechen und behandeln. Deshalb sprechen sich Konfirmanden immer wieder gegen eine Beteiligung ihrer Eltern aus. Das sollte bei den folgenden Anregungen berücksichtigt werden.

5.4.3 **Möglichkeiten der Elternarbeit**

Die Einbeziehung der Eltern/Erziehungsberechtigten, evtl. gemeinsam mit den Konfirmanden, kann geschehen durch:

5.4.3.1 **Hausbesuche**, um die Beziehung von Konfirmandenarbeit und persönlicher Familiensituation zu klären und gegenseitige Hilfe bei der Begleitung der Jugendlichen anzubieten. Oft ergeben sich dabei Gespräche über Fragen des Glaubens und der Kirche.

5.4.3.2 **Elternabende,**

- die über Ziele, Inhalte und Gestaltung der Konfirmandenarbeit sowie über die Erwartungen an Konfirmanden und Eltern informieren
- die Erwartungen der Eltern an die Konfirmandenarbeit artikulieren und die Erfahrungen mit dem eigenen Konfirmandenunterricht aufnehmen und weiterführen
- die Erziehungsfragen im Konfirmandenalter aufnehmen, Gelegenheit zum Erfahrungsaustausch geben und gemeinsam Lösungsmöglichkeiten suchen
- die besondere Vorhaben (Praktika, Freizeiten, Besuchsfahrten u.a.) vorbereiten oder nachbesprechen bzw. Anteil geben an den Ergebnissen, Erfahrungen und Erlebnissen der Konfirmanden, evtl. mit Dias
- die neben einem formellen Teil auch ein geselliges Angebot machen (Getränke, gemeinsames Essen, Basteln, Singen, Abendmahlsfeier).

5.4.3.3 **Wochenenden,**

- an denen neue Arbeitsformen der Konfirmandenarbeit durchgespielt werden
- an denen Fragen und Themen der Konfirmandenarbeit behandelt werden, die auch Eltern beschäftigen
- die die Problematik der familiären Konfirmationsfeier aufnehmen, Gestaltungsmöglichkeiten sammeln, ins Gespräch bringen und ausprobieren.

5.4.3.4 **Elternseminare**, die den Eltern die Möglichkeit eröffnen,eigene Glaubens- und Lebensfragen aufzuarbeiten mit Hilfe ganzheitlicher Arbeitsformen der Erwachsenenbildung.

5.4.3.5 **Gottesdienste**, die von Eltern und Konfirmanden gemeinsam besucht werden, deren Thematik sowohl von den Eltern als auch von den Konfirmanden oder von beiden gemeinsam erarbeitet wurde, z.B. an einem Konfirmandentag oder Wochenende.

5.5 Konfirmandenarbeit und Kirchenvorstand

Die Konfirmandenarbeit gehört grundsätzlich zum Aufgabenbereich des Pfarrers.
Der **Kirchenvorstand** verantwortet diese Arbeit mit: Er wirkt insbesondere bei der Prüfung, der Vorstellung und der Konfirmation mit (KABl 1989, Nr. 12).

5.5.1 Mitarbeit der Kirchenvorsteher

Dem Artikel 36, 1.2 der Grundordnung entsprechend werden Kirchenvorsteher Gelegenheiten suchen, mit Konfirmanden ins Gespräch zu kommen. Je nach Zeit und örtlichen Gegebenheiten sollten sie sich aktiv an der Arbeit mit Konfirmanden beteiligen, um das Bild, das junge Menschen von ihrer Kirchengemeinde gewinnen, möglichst lebendig zu gestalten. Dazu gibt es viele Gelegenheiten:
- Begegnung in und nach dem Gottesdienst
- Mitarbeit bei Freizeiten, Nachmittagen, in einzelnen Konfirmandenstunden
- Besuche bei Familien der Konfirmanden
- Einladung einiger Konfirmanden in die eigene Wohnung mit kleiner Bewirtung und Gespräch
- Mitwirkung bei der Prüfung, Vorstellung und Konfirmation.

5.5.2 Mitverantwortung der Kirchenvorsteher

Die Kirchenvorsteher sollen sich für die Konfirmandenarbeit ihrer Gemeinde mitverantwortlich fühlen und wenigstens einmal während ihrer Amtszeit über die Konzeption und über die Erfahrungen der Konfirmandenarbeit mit Pfarrern und auch Mitarbeitern sprechen. Dies kann im Rahmen der regelmäßigen Sitzungen des Kirchenvorstandes geschehen.
Durch Besuche bei anderen Gemeinden könnten Kirchenvorsteher deren Konzeptionen und Einrichtungen kennenlernen und darüber berichten.
In Gemeinderäumen und der Kirche ausgestellte

Arbeitsergebnisse aus dem Konfirmandenunterricht bieten Kirchenvorstand und Gemeinde eine gute Möglichkeit, einen Einblick zu gewinnen.
Im Rahmen von Wochenendtagungen können Kirchenvorsteher neue Arbeitsformen der Konfirmandenarbeit kennenlernen und erproben.
Als Ziel ist anzustreben, daß die Kirchenvorsteher die Konzeption der Konfirmandenarbeit in ihrer Gemeinde den Eltern und der Gemeinde gegenüber vertreten und mittragen können.

Mitglieder des vom Rat der Landeskirche eingesetzten Ausschusses „Konfirmandenarbeit und Konfirmation“

Vorsitzender: Professor Dr. Wilfried Härle, Marburg

Mitglieder: Martin Bartsch, Schlüchtern
Willi Baum, Spangenberg
Richard Becker, Bad Hersfeld
Johannes Beisheim, Kassel
Karl-Ludwig Brand, Fritzlar
Karl Werner Brauer, Niederaula
Eckhart Deutsch, Oberweser-Oedelsheim
Helmut Eistel, Kassel
Dr. Jörg Garscha, Marburg-Cappel
Sigrid Glockzin-Bever, Marburg
Jürgen Gohdc, Kassel
Almut Grundmann, Korbach
Rüdiger Haar, Hess. Lichtenau-Velmeden
Ute Heinemann, Fuldatal-Ihringshausen
Ingeborg Heither, Kassel
Peter Horst, Kassel
Hans-Günter Ludwig, Waldkappel
Hans Mener, Rodenbach
Günter Nebe, Kassel
Inge Nuhn, Rotenburg/Fulda
Ernst Schmidt, Kassel
Ingrid Scholz, Kassel
Brigitte Schwarz, Wanfried
Friedrich Seitz, Hanau
Lieselotte Sieg, Burghaun
Gerhard Sippel, Kirchhain
Wiltrud Westphal, Haunetal-Neukirchen